T0098923

SCHOPENHAUER – NIETZSCHE

DU NON CONFORTABLE
AU OUI DÉCHIRANT
À LA VIE

BIBLIOTHÈQUE D'HISTOIRE DE LA PHILOSOPHIE

Fondateur Henri GOUHIER   Directeur Emmanuel CATTIN

Bernard BOURGEOIS

SCHOPENHAUER – NIETZSCHE

DU NON CONFORTABLE
AU OUI DÉCHIRANT
À LA VIE

PARIS
LIBRAIRIE PHILOSOPHIQUE J. VRIN
6 place de la Sorbonne, V e

2021

© *Librairie Philosophique J. VRIN*, 2021
ISSN 0249-7980
ISBN 978-2-7116-2978-7
www.vrin.fr

INTRODUCTION

Nietzsche, de façon constante, et même croissante, souligne à la fois sa reconnaissance de la grandeur de Schopenhauer et son rejet de celui-ci comme de son antipode.

Il le célèbre, dans *Humain, trop humain*, comme son premier et unique éducateur. La « culture supérieure » de Schopenhauer, son intelligence des faits, sa volonté de clarté et de raison, qui le rendent anglais et non allemand, mieux : véritablement européen au même titre que Goethe, Hegel ou Heine, font de lui le dernier Allemand qui compte. La contradiction, qu'il soutint toute sa vie, entre l'affirmation de l'être et celle du vouloir lui fit condamner cette vie, par-delà le rationalisme cartésien du XVIIe siècle, et le sentimentalisme rousseauiste du XVIIIe siècle, en pascalien non chrétien. Nietzsche reconnaît l'immense mérite schopenhauérien de la position de la vie comme négation de l'être. Cependant, une telle position n'est elle-même vivante que comme négation de soi, auto-négation, c'est-à-dire affirmation de la vie, oui à la vie en cela même qu'elle a de négatif. Schopenhauer, en son affirmation idéaliste-moralisante, caractéristique de la jeunesse ardente et mélancolique, n'est pas encore un penseur proprement adulte. Il subsiste en lui de l'allemand, du romantique, ou encore : il ne s'avance pas parmi les choses mêmes, comme savent le faire les Français.

Au contraire, Nietzsche s'affirme d'emblée comme celui qui affirme la vie en tout ce qu'elle a de négatif :

> Je compris – déclare-t-il – que mon instinct aspirait à l'opposé de celui de Schopenhauer : à une justification de la vie, même dans ce qu'elle a de plus effrayant, de plus équivoque et de plus mensonger [1].

Cela – à ses yeux – parce qu'il disposait de sa « formule dionysiaque », le libérant de la « dualité bornée » : le Bien et le Mal, accrochée à « l'idéal moral chrétien ». Il suppose le socle réaliste de la pensée de Schopenhauer, condition du sérieux de la négation qu'il en opère. Il ne faut pas chercher à trouver du non dans le oui, mais le voir comme un non bien réel auquel on peut alors opposer un oui encore plus réel, car non pas réactif à lui, mais originaire et, donc, authentique.

---

1. Nietzsche, *Fragments posthumes* 1887-1888, Paris, NRF-Gallimard, p. 31.

PREMIÈRE PARTIE

SCHOPENHAUER

CHAPITRE PREMIER

LIRE SCHOPENHAUER

Pour rencontrer Schopenhauer, il faut *le lire lui-même*, et *le lire lui-même en sa totalité.*

Le lire lui-même

Il convient de lui appliquer la prescription qu'il répète sans cesse lorsqu'il s'agit de connaître un grand penseur, et qu'il applique notamment à la lecture de Kant :

> C'est en vain que la doctrine de Kant serait cherchée ailleurs que dans ses propres ouvrages, toujours féconds en enseignements, même quand ils contiennent des fautes ou des erreurs. C'est surtout de son originalité qu'on doit dire, ce qui s'applique d'ailleurs à tout vrai philosophe, qu'il ne peut être connu que par ses propres écrits, et jamais par ceux des autres [1].

---

1. Schopenhauer, *Le monde comme volonté et comme représentation – MVR –*, trad. A. Burdeau, éd. R. Roos, Paris, P.U.F., 1966, p. 17.

D'autant que ces « autres » sont la plupart du temps des esprits ordinaires, voire médiocres, incapables de saisir des intelligences d'élite.

Schopenhauer se méfie beaucoup de l'enseignement universitaire de l'histoire de la philosophie par son ennemi Hegel[1]. Un tel enseignement doit, selon lui, se réduire à un bref aperçu conduisant de Thalès à Kant, surtout pas plus loin !

Le lire en la totalité de son œuvre

« D'une façon générale, celui qui veut se familiariser avec ma philosophie doit lire jusqu'à la moindre ligne de moi »[2].

Une telle prescription est étonnante, car Schopenhauer affirme aussi qu'il dit, dans tous ses ouvrages, toujours *une seule et même chose* : ils sont tous, en quelque sorte, des *parerga* (Additions, appendices) et des *paralipomena* (Prétéritions, omissions, remarques sur lesquelles on est passé sans s'arrêter), également impliquées par l'ouvrage central qui les éclaire comme il est éclairé par eux[3]. Mais cette identité à soi est celle d'un thème

---

1. *Cf.* Schopenhauer, « Über die Universitätsphilosophie », in *SW*, Bd IV : *Parerga und Paralipomena – PP* – I, Suhrkamp Taschenbuch Wissenschaft, 1986, p. 240-241 ; *Parerga et paralipomena*, éd. D. Raymond, trad. fr. A. Dietrich, Paris, Robert Laffont, 2020.

2. *MVR, Supplément au Livre IV*, p. 1201.

3. Cf., *PP*, Avant-Propos, p. 45-46.

sans cesse *enrichi*, présenté dans une multitude de nuances, diverses comme peuvent l'être les profils et silhouettes d'une même chose dont l'exploration est poursuivie : il y a bien une conception perspectiviste de la réflexion philosophique chez Schopenhauer (elle apparaît, par exemple, dans ce qui est dit du rapport entre l'essence d'une chose et la volonté, entre le néant désiré et le nirvana).

Tout cela rend *problématique* le projet d'un *cours* (universitaire) sur Schopenhauer ! On se raccrochera pourtant à l'idée qu'il est possible de faire d'un tel cours un modeste accompagnement – adjuvant – d'une lecture personnelle et complète de Schopenhauer : laisser paraître les textes mêmes, sans prétendre expliquer leur auteur, c'est-à-dire pratiquer une histoire « pragmatique » qu'il condamne[1] ; puis choisir quelques thèmes (par exemple : le philosophe selon Schopenhauer, phénomène et chose en soi…), et s'efforcer d'être complet sur ces thèmes. S'il y a bien une grande diversité du contenu, il y aussi une relative indépendance des thèmes les uns par rapport aux autres, de telle sorte qu'un thème peut être étudié de façon quasi complète, même abstraction faite des autres. Car le *contenu philosophique* est semblable à celui d'*une chose aux multiples aspects*, mais qui se complètent sans se conditionner, s'ils ne se contredisent pas, et renvoient à la *richesse de*

---

1. *PP*, p. 45, 46.

l'intuition, non à la rigueur (dialectique) du concept. On n'étudie pas la philosophie de Schopenhauer comme celle de Hegel !

L'analyse de la philosophie schopenhauérienne justifiera ainsi notre entreprise, qui semble contredire l'impératif schopenhauérien de la lecture d'un philosophe. Le premier thème retenu : « *Le philosophe selon Schopenhauer* » comporte l'analyse des implications mêmes de cet impératif, c'est-à-dire de la conception de la *démarche philosophique*, de la pensée philosophante, comme *pensée immédiate* (rôle essentiel en elle de l'intuition).

La condamnation de toute médiateté (histoire de la philosophie) dans l'exploration d'une philosophie recouvre l'impératif, pour le philosophe lui-même, de procéder de façon immédiate, impératif qui est en fait une *nécessité* : le philosophe véritable est un penseur immédiat (« *Selbstdenker* »), et c'est ce que montre une histoire authentique de la philosophie : l'historique dans l'histoire de la philosophie est phénoménal. Le philosophe est un penseur immédiat parce que sa pensée est elle-même une pensée *de* l'immédiat, *l'immédiateté pensée*.

Nous analyserons *l'immédiateté de la pensée philosophique*, et *la pensée philosophique de l'immédiat* (l'Autre de la philosophie, hégélienne, de la médiation).

L'IMMÉDIATETÉ DE LA PENSÉE PHILOSOPHIQUE

Le philosophe et le professeur de philosophie

La pensée authentique est immédiate, aurorale, et telle doit être la pensée philosophique. La plus grande erreur est de croire que tout changement est un progrès, car la marche des sciences est une marche rétrograde. Celui qui répète ce que d'autres ont dit ne s'intéresse pas aux choses elles-mêmes, mais seulement à soi, à sa personne, et il veut se faire valoir : en lui la volonté se subordonne l'intellect, le subjectif l'objectif, et, donc, dans la pensée, la réflexion – dont le matériau est constitué de pensées – se subordonne l'intuition – dont le matériau est fait des choses. La pensée volontaire ne doit pas l'emporter sur la pensée nécessaire.

Les penseurs de seconde main vont donc à rebours de l'orientation proprement pensante ; il faut rejeter leurs écrits. C'est pourquoi « la familiarité véritable avec les philosophes ne s'obtient qu'à même leurs œuvres propres, et nullement par des relations de seconde main »[1].

La lecture indirecte des philosophes est absurde et nocive. *Absurde* : pourquoi « faire mâcher par d'autres sa nourriture »[2], quand chacun peut se procurer les grands textes directement ? Il faut pratiquer l'« autopsie » des textes philosophiques, l'objet de l'histoire de la philosophie – contrairement

---

1. *PP*, p. 240.
2. *Ibid.*, p. 45.

à celui de l'histoire en général – c'est du présent.
Nocive : elle falsifie les œuvres en les caractérisant
à partir d'une petite fraction d'elles-mêmes. Le
commentateur n'a guère lu que le dixième de l'auteur,
et ce, dans une lecture au surplus orientée. Parce
qu'il est un professeur pour qui la philosophie est un
gagne-pain et qu'il doit plaire à celui qui l'emploie
et le paie (il flatte l'autorité, la religion…) : c'est là
un leitmotiv de Schopenhauer (Nietzche le suivra).
Il fait au contraire un vibrant éloge du dilettante [1].
D'où la hargne de Schopenhauer contre les
penseurs postkantiens, précepteurs qui ont conservé
l'habitude de l'obéissance obséquieuse [2]. Comment
des gens qui vivent *de* la philosophie, de la vérité,
pourraient-ils faire connaître ceux qui vivent *pour*
elle ? C'est pourquoi nous constatons que, de tout
temps, il y a eu très peu de philosophes qui aient été
professeurs de philosophie, et qu'il y a eu encore
bien moins de professeurs de philosophie qui aient
été des philosophes.

Certes, il y a eu *l'exception kantienne*. Mais Kant
eut la chance d'enseigner sous Frédéric II ; il aurait
d'ailleurs été plus grand encore, plus résolu et plus
beau s'il n'avait pas dû revêtir l'habit, la livrée du
professeur de philosophie ; il a sagement séparé en lui
le philosophe et le professeur et, comme professeur,
n'a pas exposé sa propre philosophie [3] ; enfin, il

1. *PP*, p. 566.
2. Cf., *MVR*, Préface de la 2ᵉ éd., p. 11.
3. *Ibid.*, p. 187.

n'a pas d'abord été un historien de la philosophie, comme le sont les professeurs de philosophie.

Un professeur de philosophie ne peut initier à un philosophe. Cette incapacité se manifeste par la méconnaissance, où il est pris, du sens même du texte philosophique, du *livre*.

Le « Bücherphilosoph » et le « Selbstdenker »

Les *trois* moments ou éléments décisifs quant au sens et à la valeur d'un livre sont le *worüber* (le thème), le *was* (le contenu), le *wie* (la forme). Ce *wie* s'exprime dans le style et constitue la « physionomie de l'esprit »[1], il fait la qualité, immédiatement appréciée, du livre.

Or le professeur de philosophie, ou, plus généralement, le *Bücherphilosoph*, ne peut redonner le *wie*, qui est la marque même de l'esprit, de l'intellect, comme vision objective des choses. C'est ce *wie* qui – tel le « caractère » en son rapport avec les « motifs » – médiatise le choix du contenu et l'élaboration de la forme. C'est donc lui qui fait comprendre le *résultat* d'une réflexion. Le *Bücherphilosoph*, qui entreprend de redire ce résultat, mais sans le *style*, qui renvoie à l'intuition singulière, originale, des choses, ne peut donc le comprendre et faire comprendre. La compréhension d'un ouvrage vient de ce que l'on actualise en soi-

---

1. *PP*, p. 605.

même ce qui s'exprime dans le style (le même seul connaît le même).

Mais le philosophe livresque ne peut actualiser une telle intuition, c'est-à-dire *penser*. Il est tellement plus facile de se jeter sur un livre que de penser : on peut toujours s'asseoir et lire, *à volonté*, tandis que l'on ne commande pas à la pensée : « il en est des pensées comme des hommes : on ne peut pas toujours les faire venir à volonté, mais on doit atteindre qu'elles viennent » [1]. L'impatience, c'est la prédominance du vouloir, donc la faiblesse de l'intellect. En un mot, « fuir les pensées propres en leur force originaire, pour prendre un livre, c'est bien pécher contre l'esprit » [2].

Quel est donc le *bon usage* du livre ? Et, plus précisément, quel rapport les penseurs doivent-ils entretenir entre eux à travers leurs livres, dans l'histoire de la philosophie ?

Le livre vaut mieux que la personne de son auteur car « les œuvres sont la quintessence d'un esprit » [3] et l'on se cultive beaucoup plus au contact d'un livre qu'en fréquentant son auteur, dont il exprime la meilleure part, son *intellect*. Le livre est le résultat de la désubjectivation, de la désindividualisation de l'auteur, de la libération de l'intellect à l'égard du vouloir. La valeur du livre est donc celle de l'intellect

1. *PP*, p. 582.
2. *Ibid.*, p. 579.
3. *Ibid.*, p. 657.

qui le produit, de l'intuition qui s'y exprime. Or
celle-ci est souvent fort médiocre. D'où la foule des
mauvais livres. Puisque, au surplus, une petite partie
seulement du livre est assimilée, et que l'achat d'un
livre, c'est l'achat du temps de le lire, il faut donc
acquérir « l'art de ne pas lire » [1]. Et : « pour lire le bon,
la *condition* est qu'on ne lise pas le mauvais, car la
vie est courte, le temps et les forces sont limitées » [2].
Schopenhauer insiste sur les *dangers de la lecture*.
Lire, c'est se soumettre à *une* pensée *étrangère* : à
l'unilatéralité du concept, contenu du livre, s'ajoute
l'inconvénient de l'altérité de l'intuition que le
concept exprime lui-même unilatéralement. Il y a
là une aliénation appauvrissante : l'idée apprise par
lecture est un « membre artificiel » qui manque de
l'élasticité propre à la pensée vivante et supprime
l'élasticité de l'esprit, et celui-ci s'en trouve
désorganisé : « seules les pensées fondamentales qui
nous sont propres ont une vérité et une vie » [3]. Voilà
pourquoi il faut *lire peu*, se contenter des œuvres
classiques, antiques, proches de l'expérience et de
la richesse de l'intuition, présentée dans une langue
elle-même riche (éloge du latin). Sur ce dernier
point, Schopenhauer, une fois n'est pas coutume,
s'accorde avec … Hegel !

1. *Ibid.*, p. 655.
2. *Ibid.*
3. *Ibid.*, p. 579.

Mais *comment* et *quand* lire?

Puisque « la lecture est un simple surrogat de la pensée propre »[1], il faut penser par soi-même, c'est-à-dire activer l'intuition objective du monde, préférer « le livre du monde »[2], et ensuite seulement recourir au surrogat. C'est ce que Schopenhauer a pratiqué. Il ne s'est adressé à Kant et à la littérature de l'Inde, et, de même, aux sciences empiriques, qu'après s'être plongé dans l'intuition des choses. Au contraire, il y insiste, du jeune Hegel, qui remplissait son *Tagebuch* d'extraits de ses lectures !

Bref, le *penseur authentique*, l'esprit de premier rang se comporte en véritable « *monarque* » :

> Il est immédiat et ne reconnaît personne au-dessus de lui. Ses jugements, comme les décisions d'un monarque, naissent de sa toute puissance propre et procèdent immédiatement de lui-même[3].

Il est vraiment le « philosophe-roi » ! Voici encore :

> ma marque distinctive des esprits de premier rang est l'immédiateté de tous leurs jugements. Tout ce qu'ils affirment est le résultat de leur pensée propre… Les autres sont tous médiatisés[4].

D'où la *dévalorisation de la médiation*, pour ce qui est du surgissement de la pensée : contrairement à toute la grande tradition philosophique (occidentale),

1. *PP*, p. 579.
2. *Ibid.*, p. 578.
3. *Ibid.*, p. 585.
4. *Ibid.*, p. 584-585.

Schopenhauer n'attend rien du dialogue, des réunions au congrès de philosophie, qui constituent une contradiction dans les termes, puisque des philosophes ne se trouvent jamais en même temps dans le monde au pluriel, et rarement au duel.

Il faut pourtant parler de leur rapport idéel dans l'histoire de la philosophie.

Les philosophes dans leur histoire (Geschichte).

L'histoire (*Historie*) courante de la philosophie est une histoire *pragmatique*.

Schopenhauer la dénonce comme ce qui pervertit radicalement le sens même de l'acte philosophique. Car elle affirme la nécessité du surgissement et du développement des systèmes philosophiques, et à travers cette nécessité juge, rectifie et remet à leur place les grandes philosophies du passé. Schopenhauer critique la philosophie de l'histoire, et de l'histoire de la philosophie de *Hegel*. Celui-ci veut montrer que chaque penseur devait nécessairement penser ce qu'il a pensé, et, ce faisant, le professeur de philosophie qu'il était a survolé commodément de haut tous les philosophes. Il a par là dévalorisé le génie inventif propre de ceux-ci.

Les historiens pragmatiques de la philosophie, eux aussi, croient avoir de « bonnes raisons » d'accorder le plus possible au *milieu*, à l'éducation, à la formation culturelle, et même de dénier tout rôle au talent, de se garantir contre la vérité que ce qui importe avant tout, c'est la manière dont quelqu'un est sorti de la nature, de quels parents il est né.

Le sens d'une telle histoire de la philosophie, c'est de *dissoudre le génie philosophique*, dont la compagnie est si pénible pour les médiocres, en médiatisant tout.

Chapitre II

CRITIQUE SCHOPENHAUÉRIENNE
DE L'HISTOIRE DE LA PHILOSOPHIE

Critique de l'histoire en général

L'histoire – qui ne connaît que des faits, des singularités (même le général, en elle, n'est qu'un fait particulier, qui se rapporte au détail comme le tout à la partie, non pas comme la règle au cas [1]. En tant que telle, l'histoire s'oppose à la philosophie :

> Si l'histoire n'a proprement pour objet que le particulier, le fait individuel, et le tient pour la seule réalité, elle est tout l'opposé et la contrepartie de la philosophie, qui considère les choses au point de vue le plus général et a pour matière expresse ces principes universels, toujours identiques dans tous les cas particuliers... L'histoire nous enseigne qu'à chaque moment il a existé autre chose ; la philosophie s'efforce au contraire de nous élever à cette idée que, de tout temps, la même chose a été, est et sera [2].

1. *MVR, Supplément au 3ᵉ Livre*, p. 1181.
2. *Ibid.*

Un vrai philosophe ne peut s'intéresser principiellement à l'histoire, pour y insérer la philosophie, comme histoire de la philosophie.

Quand le philosophe hégélien s'intéresse à l'histoire, c'est qu'il mêle l'universel, l'essentiel (l'Idée), et le singulier, l'exemple : il « prend le phénomène pour l'essence en soi du monde »[1] et s'engage dans la téléologie : l'essence est la succession des phénomènes, elle est produite par celle-ci, suivant une finalité optimiste : l'en-soi est temps, le temps est créateur : « Geist ist Zeit » ! – Or 1) on ne peut poser le singulier comme posé par l'universel, qui se réaliserait alors totalement par et dans lui – 2) on ne peut faire du singulier, de la singularité philosophante par exemple, de la conscience singulière, l'expression d'un *esprit universel*, d'une conscience générique :

> L'individu seul, en effet, et non l'espèce humaine, possède l'unité réelle et immédiate de conscience ; l'unité de marche dans l'existence de l'espèce humaine n'est donc que pure fiction. En outre, de même que dans la nature l'espèce seule est réelle et que les genres sont de simples abstractions, de même dans l'espèce humaine la réalité appartient aux individus seuls et à leur vie, les peuples et leur existence sont de simples abstractions[2].

---

1. *MVR, Supplément au 3ᵉ Livre*, p. 1182.
2. *Ibid.*, p. 1180.

De la sorte, « ce que raconte l'histoire n'est en fait que le long rêve, le songe lourd et confus de l'humanité »[1].

La réalité consiste dans les faits intimes constituant la *volonté*, liée à l'organisme individuel. La conscience voulante individuelle *a le temps en elle*, bien plutôt qu'elle n'*est* dans le temps. L'erreur capitale de toute philosophie de l'histoire, ou même, déjà, de toute réalisation de l'histoire, c'est de faire du temps, strictement phénoménal, la chose en soi. Celle-ci est identique à soi et c'est ce que doit comprendre la « vraie philosophie de l'histoire » :

> Elle ne consiste donc pas à élever les fins temporelles de l'homme à la hauteur de fins éternelles et absolues, à nous retracer d'une manière artificielle et imaginaire la marche de l'humanité vers ces fins, au milieu de toutes les confusions et de toutes les erreurs... La vraie philosophie de l'histoire revient à voir que, sous tous ces changements infinis, et au milieu de tout ce chaos, on n'a jamais devant soi que le même être, identique et immuable... Cet élément identique, et qui persiste à travers tous les changements, est fourni par les qualités premières du cœur et de l'esprit humains – beaucoup de mauvaises, et peu de bonnes. La devise générale de l'histoire devrait être : *Eaden, sed aliter* [les deux mêmes choses, mais d'une autre manière][2].

1. *Ibid.*, p. 1183.
2. *Ibid.*, p. 1184.

Le vouloir, qui est au principe de tout phénomène, est un et identique, donc le sens vrai du phénomène est toujours le même.

Mais c'est précisément ce que le vouloir, réel toujours comme individualité, singularité, oublie ou tend à oublier. Le rôle *positif* d'une *connaissance de l'histoire* est par conséquent de rappeler à l'homme l'*identité* même qui relie entre elles toutes les manifestations du vouloir ; elle donne par là son sens vrai à toute existence singulière, qu'il s'agisse de celle d'un individu ou de celle d'une société :

> L'histoire est pour l'espèce humaine ce que la raison est pour l'individu... Seule l'histoire donne à un peuple une entière conscience de lui-même. L'histoire peut donc être regardée comme la conscience raisonnée de l'espèce humaine ; elle est à l'humanité ce qu'est à l'individu la conscience soutenue par la raison, réfléchie et cohérente, dont le manque condamne l'animal à rester enfermé dans le champ étroit du présent intuitif[1].

L'histoire universalise ainsi *horizontalement* l'individualité sociale et, en actualisant l'Idée de l'espèce (Idée étalée dans le temps), elle médiatise la saisie par l'homme de son Idée, c'est-à-dire l'universalisation *verticale* de sa conscience :

> L'usage de la raison individuelle suppose à titre de condition indispensable le langage ; l'écriture n'est pas moins nécessaire à l'exercice de cette

---

1. *MVR, Supplément au 3ᵉ Livre*, p. 1185.

raison de l'humanité : c'est avec elle seulement que commence l'existence réelle de cette raison, comme celle de la raison individuelle ne commence qu'avec la parole. L'écriture, en effet, sert à rétablir l'unité dans cette conscience du genre humain brisée et morcelée sans cesse par la mort : elle permet à l'arrière-neveu de reprendre et d'épuiser la pensée conçue par l'aïeul ; elle remédie à la dissolution du genre humain et de sa conscience en un nombre infini d'individus éphémères, et elle brave ainsi le temps qui s'envole dans une fuite irrésistible avec l'oubli de son compagnon[1].

Il apparaît ainsi que *l'histoire*, la conscience historique, dont l'objet est la volonté par elle saisie de mieux en mieux en son unité, identité, est un instrument du développement de l'*intellect* et de son affirmation accrue, dont le terme est la négation du vouloir, la libération à l'égard de lui. Mais cette libération de l'intellect produite par l'histoire (*Historie*) vraie peut elle-même être l'objet de cette histoire, et cet objet est lui-même un objet historique (*geschichtlich*), et, à vrai dire, pour Schopenhauer, l'histoire (*Geschichte*), dans ce qu'elle a de plus vrai, l'histoire *vraie*. Car si le vouloir comme tel, en son *affirmation*, *n'a pas d'histoire* (le vouloir est d'emblée total, et tout entier présent en toutes les Idées – non successives chronologiquement – où il s'objective), sa *négation*, en revanche, sans cesse à reprendre, *a une histoire* pour autant que

1. *Ibid.*, p. 1186.

cette négation s'exprime dans des œuvres qui se transmettent et viennent enrichir sans cesse l'intuition du monde qui nourrit l'intellect individuel se libérant du vouloir, niant celui-ci.

S'il n'y a pas d'histoire du vouloir, de l'être, du positif, il y a, en revanche, puisqu'il ne va pas de soi et est à poser, une *histoire du néant*, de la négation, de l'intellect. L'intellect célébrant sa libération de façon privilégiée dans la philosophie, *il y a une histoire de la philosophie*. Mais il est nécessaire d'en préciser le *sens* : cette histoire (*Geschichte*) de la philosophie n'est pas ce qu'en dit l'histoire (*Historie*) courante de la philosophie.

CRITIQUE DE L'HISTOIRE DE LA PHILOSOPHIE

On trouve, chez Schopenhauer, de quoi *critiquer* une histoire de la philosophie qui *réinsérerait* celle-ci dans l'*histoire générale* et en ferait une simple manifestation (seconde). Une telle réinsertion consiste à replonger l'histoire de l'intellect dans la (non-) histoire de la volonté. Mais il faut bien distinguer ces deux histoires :

> Il y a *deux histoires* : l'histoire *politique* et l'histoire de la *littérature* et de l'*art*. Celle-là est l'histoire du *vouloir*, celle-ci est l'histoire de l'*intellect*[1].

Ces deux types d'histoire produisent des effets différents :

1. *PP*, p. 658.

> La première est généralement angoissante, voire effrayante : angoisse, misère, tromperie et tuerie horrible en masse. L'autre est, au contraire, toujours réjouissante et rasserénante comme l'intellect isolé, même quand il dépeint des égarements [1].

Puis Schopenhauer articule brièvement, de façon unilatérale, ces deux histoires, après avoir posé, dans l'histoire de l'intellect, comme sa dimension ou son moment fondamental, l'histoire de la philosophie :

> La branche principale de l'histoire de l'intellect est l'histoire de la philosophie. A proprement parler, celle-ci est la base fondamentale de celle-là, qui résonne même à travers l'autre histoire et qui dirige aussi, là-bas, l'opinion : mais cette dernière régit le monde. C'est pourquoi la philosophie est, à proprement parler si on la comprend bien, aussi la puissance matérielle la plus forte, qui cependant agit très lentement [2].

Ainsi, bien loin que l'histoire politique détermine l'histoire intellectuelle, c'est l'inverse qui se produit (mais de façon nuancée, car, si l'intellect permet la libération du vouloir, l'actualisation de celle-ci est toujours « gracieuse » et se produit *sans raison* (le principe de raison régit l'affirmation du vouloir en ses modalités, mais pas la négation de ce vouloir en son principe. Il y a donc une *autonomie de l'histoire* de la philosophie.

---

1. *Ibid.*
2. *Ibid.*, p. 658-659.

Ce sont les philosophes qui font l'histoire de la philosophie, et non pas l'histoire de la philosophie qui fait les philosophes (comme Hegel le croit, qui voit dans le philosophe le support contingent de l'affirmation culturelle nécessaire de l'Idée). Il n'y a pas un « *esprit du monde* » dont les pensées dépendraient dans les consciences individuelles. Ce sont celles-ci qui mettent à chaque fois en rapport les Idées fournies par la culture et le *génie* agit toujours de façon intempestive face à ces Idées : « Le génie, dans tout ce qu'il fait, dans tout ce qu'il crée même, est d'ordinaire en opposition et en lutte avec son temps »[1], alors que les hommes de *talent* arrivent toujours au moment voulu et animent le progrès régulier de la civilisation.

Une telle opposition du génie à son temps culturel est particulièrement aiguë dans le cas du *génie philosophique*. Celui-ci, comme le génie artistique, saisit et exprime l'Idée, objectivation immédiate du vouloir-vivre. Mais, alors que l'expression artistique, intuitive, est partielle, exclusive, et passagère, l'expression philosophique, conceptuelle, est totale et durable (unité de concepts), d'où son caractère impérial et impérialiste. Les œuvres d'art peuvent cohabiter :

> Toutes les œuvres poétiques, sans se gêner, peuvent coexister, et même les plus hétérogènes

1. *MVR*, p. 1121.

d'entre elles peuvent être goûtées et appréciées par le même esprit [1].

Au contraire, le fait qu'une philosophie exprime le *tout* de l'être, et qu'il n'y a qu'un tout, rend contradictoire toute diversité : dans le domaine philosophique règne donc la guerre de tous contre tous. Pour être reconnu, et même déjà pour penser de façon personnelle, il faut donc combattre, et Schopenhauer évoque son propre cas !

A vrai dire, ce combat d'une philosophie contre la philosophie régnante est un combat entre une philosophie authentique et une pseudo-philosophie. Car la philosophie régnante, populaire (et favorisée par l'État) est une mauvaise philosophie qui a du succès précisément parce qu'elle est telle, alors que la philosophie authentique s'adresse positivement à la postérité de son temps. Et lorsque sa valeur est enfin pressentie, elle est aussitôt utilisée et exploitée par des « philosophes de seconde main » qui la pervertissent (la philosophie régnante est donc, en fait, déjà une pseudo-philosophie). Toujours est-il que le rapport *négatif* d'une philosophie authentique à son temps (et à la philosophie de celui-ci) est consécutif à sa naissance intellectuelle, et, en ce sens, elle ne doit *rien* à ceux-là.

S'ensuit-il que le philosophe véritable pense absolument seul s'il pense par lui-même ? Il faut d'abord remarquer qu'il est rare. – L'histoire des

1. *Ibid.*, p. 11.

philosophes – dont l'action sur le genre humain en
sa totalité (par-delà la différence des temps et des
nations) est très lente – est beaucoup plus succincte,
quant à son contenu, que l'histoire politique. La
rareté des têtes pensantes vient de « l'aristocratie de
la nature »[1]. Elle fait que l'histoire de la philosophie,
comme quintessence de l'histoire de l'intellect,
est ponctuée par quelques moments primordiaux
séparés par de grandes périodes inutiles, négatives
même. Les *Paralipomena* proposent une théorie
générale des *épicycles*[2].

Cette théorie vaut pour la culture : exemples
pris dans la peinture et la sculpture du début du

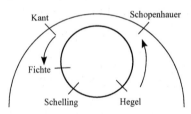

XIXe siècle ; il peut
ne se rien passer
en un demi-siècle.
Et elle s'applique
à la philosophie.
L'épicycle ne sert
à rien, il retarde
à rien, il retarde
même la diffusion de la philosophie vraie, sans, il
est vrai, empêcher l'apparition du grand penseur, qui
est une « grâce » de la Nature.

Le grand penseur se produit *naturellement*,
non pas culturellement. Il y a des conditions
naturelles du génie, physiologiques et anatomiques,
non sociologiques. Cette indépendance du génie à
l'égard de la culture le rend solitaire : « le génie est

1. *MVR*, p. 218.
2. *Ibid.*, « Über Lesen und Bücher », § 297, p. 659 *sq*.

essentiellement solitaire » [1]. Il est cosmopolitique, supra-nationaliste, n'ayant pour proches que les grands esprits qui ont marqué l'histoire de l'humanité, et, plus précisément, que leur œuvre.

Quant au rapport d'un philosophe à ceux qui l'ont précédé, à travers la lecture de leurs œuvres, il se présente, certes, sous l'aspect d'un progrès, et cela parce que les philosophes (authentiques) réfléchissent et expriment leur réflexion les uns à partir des autres, ou, plutôt, les uns au regard des autres. Analysons le sens de cette relation qui consiste en ce qu'un philosophe ne repart pas de zéro, mais reprend, pour le dépasser, l'apport de ses devanciers. C'est là le sens de l'expression : *influence* d'un philosophe sur un autre.

Le nerf du développement est le fait que, en voulant développer (selon les principes posés) un système déjà existant, on obtient des résultats qui ne correspondent pas au monde réel, et, d'autre part, on n'arrive pas à expliquer certains aspects de ce monde ; un tel système révèle par là qu'il laisse un « reste » [2].

Ainsi, le philosophe réfléchit à partir de deux éléments, la philosophie authentique précédente et le monde réel. Cependant, le rôle de ces deux éléments est différent, et de valeur inégale : c'est la *négativité d'un système* qui amène son dépassement, mais cette négativité est révélée par la *positivité du*

---

1. *MVR*, p. 1120.
2. Cf., *PP*, *Fragmente zur Geschichte der Philosophie*, p. 88.

monde réel saisi de façon plus complète et profonde. C'est l'intuition générale de ce monde qui, à chaque fois activée, et cela par la grâce de la nature, donc absolument, inconditionnellement, fait saisir le manque du système philosophique précédent et amène une *expression* philosophique négatrice de ce système. Le lien, le rapport, négatif, des grandes philosophies successives n'est donc pas direct, mais médiatisé par une expérience immédiate du monde qui ne doit rien à l'histoire de la philosophie, car elle a sa condition dans la nature.

La contradiction, dont l'apparition est conditionnée par cette « grâce » de la nature, entre l'intuition du monde et le développement de la philosophie précédente, amène à chaque fois le philosophe à reprendre *à zéro* le problème de l'énigme du monde, peut servir de principe permettant une interprétation cohérente de tous les aspects du monde. D'où l'image du labyrinthe : l'important étant, dans la philosophie comme dans le parcours du labyrinthe, de saisir, de trouver d'abord, « le bon bout ». Pour Schopenhauer, ce bon bout, la bonne entrée du labyrinthe, c'est la *volonté*.

Mais la discontinuité quant à la genèse du philosophe authentique ponctue la permanence d'un problème fondamental, *du* problème originaire : l'esprit philosophique nait avec la conscience que le monde est ma représentation. Ce problème est bien le problème de l'idéal et du réel, du subjectif et de l'objectif, du phénomène et de l'en-soi, c'est-à-dire, au fond, de la déchirure de l'existence, de la conscience humaine, entre le dedans et le dehors[1] :

> Cette distinction... a été aperçue de tout temps ; mais le plus souvent on n'en a eu qu'une notion imparfaite, et, par suite, on l'a insuffisamment exprimée, souvent même elle a été présentée sous des déguisements étrangers. Déjà les mystiques chrétiens, par exemple, refusent à l'intellect, en le désignant sous le nom de lumière de la nature, la faculté de saisir l'essence vraie des choses. Il est en quelque sorte une simple force superficielle, comme l'électricité, et ne pénètre pas dans l'intérieur des réalités[2].

Ce problème est le problème de l'existence même de l'homme, pour autant que cette existence fait justement problème pour lui. Il est un problème *constant*, et son surgissement répété est la conceptualisation de l'expérience identique à soi, éternelle, que l'homme fait de lui-même. – Il convient donc d'examiner la pensée ou conceptualisation philosophique comme pensée ou conceptualisation de l'immédiat en tant qu'expérience que l'homme a de lui-même.

1. *MVR*, Supplément I, p. 870 *sq*.
2. *Ibid*.

CHAPITRE III

LA PENSÉE PHILOSOPHIQUE
DE L'IMMÉDIAT

Pour Schopenhauer, l'objet essentiel de la pensée philosophique, c'est le monde (la philosophie n'est pas une *théologie*, mais une *cosmologie*; elle doit être immanente, non pas transcendante). Et ce monde est le monde tel qu'il se donne à la conscience, tel que nous en faisons l'expérience, c'est-à-dire comme représentation *et* comme volonté. D'où la condamnation de la philosophie comme simple connaissance conceptuelle, comme connaissance « à partir de simples concepts » (en opposition à Kant), mais également comme concept de l'expérience du monde telle que la pratique l'empirisme (scientifique). La philosophie est une pensée de l'immédiat, mais cet immédiat ne se réduit pas à l'appréhension plate et réduite, unilatérale, qu'en fournit la science. Schopenhauer dénonce tout autant le conceptualisme scolastique et l'empirisme physicaliste.

La dévalorisation du concept :
intuition et concept

Leur vraie distinction n'est pas celle de Kant, et telle est, d'ailleurs, la principale critique adressée à celui-ci par Schopenhauer[1]. Chez Kant, il s'agit d'une distinction fonctionnelle de « moments » de la conscience, tandis que, chez Schopenhauer, c'est une distinction réelle de niveaux, d'étapes de celle-ci; cette distinction renvoie au style différent de la démarche philosophique : l'entendement philosophant kantien est réflexif, non intuitif. Schopenhauer réalise, rend empirique le transcendantal, il l'insère dans une psycho-physiologie.

L'*intuition* ou pensée intuitive est caractéristique de l'animalité. Elle saisit l'objet, en sa singularité spatio-temporelle, comme matière individualisée. L'intuition, c'est l'expérience de la « Chose même », obtenue par la position immédiate de la sensation (détermination de l'objet immédiat, du corps) par l'*intellect*. : il y a spatio-temporalisation et objectivation par l'entendement causal. L'entendement a ainsi un rôle central dans l'intellect (intuitionnant) : il objective la sensation en en faisant une qualité de la matière conciliant l'espace et le temps). « Toute intuition est intellectuelle », car « la première manifestation de l'entendement, celle

---

1. *Cf.* Schopenhauer, *Quadruple racine du principe de raison suffisante*, § 26, trad. F. X. Chenet, Paris, Vrin, 1997, p. 138 *sq.*

qui s'exerce toujours, c'est l'intuition du monde réel », acte pensant qui fait connaître l'effet par la cause[1]. Il est à noter que l'intuition efface presque la sensation, et, sur ce point, Schopenhauer évoque l'art du peintre[2].

L'intuition, comme saisie du monde objectif, est susceptible de forme (destination : « théorique » et pratique) et de degré, en fonction de la libération progressive de l'entendement à l'égard du vouloir. L'intuition géniale saisit l'objet singulier, mais comme objectivation de l'universel, de l'Idée, c'est-à-dire en le désindividualisant. Ce qui signifie une désindividualisation corrélative du sujet, simple médium de la présence à soi, de l'être-subjectif, de l'objet. L'Idée est un « *universale ante rem* », alors que le concept n'est qu'un « *universale post rem* ». Il est une production de la raison, qui exprime ce par quoi, précisément, l'intuition géniale, base de la culture, peut apparaître.

La *réflexion* est une connaissance rationnelle ou conceptuelle. La *raison*, proprement humaine, arrache au présent sensible (mémoire + projet) grâce à la production du *concept* (obtenu par abstraction de l'élément identique des intuitions, *post rem*). Le concept est, pour Schopenhauer, le concept se donnant comme tel; il est réel psychologiquement en sa fonction même; la cause n'est pas un concept (ici aussi, Schopenhauer n'a rien d'un kantien).

1. Cf., *MVR*, p. 35.
2. Cf., *Quadruple racine*, p. 98.

Ou plutôt, car le concept n'est pas intuitionnable, « l'idée qu'on peut s'en faire est elle-même purement abstraite et discursive »[1], et l'on ne perçoit, l'on n'expérimente que les effets des concepts :

> On les conçoit, on ne les perçoit pas, et leurs effets seuls peuvent tomber sous les prises de l'expérience[2].

La conscience, pour Schopenhauer, c'est l'expérience (il n'y a pas, chez lui, de présence à soi immédiate du transcendantal, du « Je pense », à lui-même – il est aux antipodes de Fichte). On ne trouve en lui qu'une reprise régressive, rétrograde, réactionnaire, de l'acquis du kantisme. Bref, il a le concept du concept comme cause conclue de la conscience empirique de ses effets.

Les « trois privilèges de la raison »[3] : langage, conduite réfléchie, science – toute la culture, l'art lui-même[4], la philosophie elle aussi (rôle de l'Idée, du concept de la mort, dans la genèse de la philosophie comme étonnement douloureux…) – expriment la *rationalité* comme pouvoir.

Il s'agit là de deux types de représentations totalement différentes : l'intuitionné est un contenu perçu ou *imaginé*, tandis que le concept est présent à la conscience par le *mot*. Certes, l'existence de la

---

1. *MVR*, p. 69.
2. *Ibid.*
3. *Ibid.*, p. 97.
4. Cf., *ibid.*, p. 1111 : réflexivité et art.

raison chez un être permet à son entendement de se distinguer de l'entendement animal, mais à la condition qu'il reste entendement et se subordonne la raison comme un moyen, à condition que la réflexivité rationnelle s'oublie dans l'orientation intellectuelle (*Cf.* l'art et la philosophie). Entendement et raison sont deux modes absolument différents de la représentation. Schopenhauer critique sur ce point une *confusion kantienne* :

> Le grand défaut de Kant [est qu'] il n'a point distingué, comme il devait le faire, la connaissance intuitive et la connaissance abstraite [1].

Car « Kant n'avait pas suffisamment réfléchi » à ce qu'étaient l'intuition, le concept, etc. [2].

Pour Kant, l'intuition n'est pas l'entendement, et, par elle seule, elle nous fournirait un objet : « le monde intuitif existerait pour nous, même si nous n'avions pas d'entendement » [3]. Il y a chez lui « une grande formule stupéfiante : l'intuition est donnée » [4]. Il « ne fait point la théorie de la genèse de l'intuition empirique ; il nous dit qu'elle est donnée, sans ajouter d'autres explications, et il l'identifie ainsi avec la simple expression sensible » [5]. Or, pour Schopenhauer, sans son moment d'entendement, l'intuition ne peut fournir d'objet.

1. *Ibid.*, p. 547.
2. *Ibid.*, p. 543.
3. *Ibid.*, p. 551.
4. *Ibid.*, p. 552.
5. *Ibid.*, p. 552.

Kant l'admet; cependant, pour lui, l'objet est donné par un entendement autre que l'intuition, un entendement qui pense et conceptualise, c'est-à-dire est ce que Schopenhauer appelle la raison. L'objectivation est produite par les douze catégories, et pas seulement par celle de cause. Ainsi, Kant fait dépendre la valeur et la vérité de l'intuition du concept ou de la raison, alors que c'est l'intuition qui avère le concept. L'entendement kantien – la raison, en vérité – intervient aussi dans l'intuition et ajoute à celle-ci, existante comme représentation, un objet différent d'elle. Il y a bien, chez Kant, une *hantise de la chose en soi*, comme objet existant indépendamment de tout sujet, objet certes inconnaissable, mais encore posé en relation avec la représentation. Une telle hantise (réaliste) apparait seulement dans la seconde édition de la *KRV* : Kant a eu peur de l'idéalisme radical, tel que Berkeley l'avait exprimé. Bref, il fait intervenir la pensée, la raison, dans l'intuition, et, réciproquement, il fait intervenir l'intuition dans la pensée. D'où la confusion des deux; et c'est bien ce que trahit la notion intermédiaire, centrale dans la *KVR*, d'« objet de la représentation », « hybride »[1] qui recèle la contradiction fondamentale du kantisme.

L'objet de la représentation, intermédiaire entre la représentation et la chose en soi, n'est ni purement intuitif ni purement conceptuel. Kant l'a composé avec ce qu'il a prélevé, *et* de la représentation – qui

1. *MVR*, p. 551.

relève de la seule sensibilité (impression qualitative plus les deux formes) –, *et* de la chose en soi, or « il est impossible de trouver quelque chose en dehors de la représentation et de la chose en soi »[1]. Kant n'est ni résolument idéaliste ni résolument réaliste (car, pour lui, si l'en-soi n'est pas représentable, il est encore défini par rapport à la représentativité). Certes, la volonté morale est chez lui ce qui touche à l'absolu, il pressent par cette volonté la chose en soi, mais il la maintient emprisonnée dans la représentation ; la morale kantienne privilégie toujours la connaissance abstraite, les maximes, et la volonté est *raison* pratique : la raison, comme telle, peut poser le contenu du vouloir, la morale a son principe dans des concepts.

Le post-kantisme était déjà bien présent chez Kant. Quand on attribue à la raison pratique une puissance immédiate, on fera de même pour la raison théorique : la perversion post-kantienne du rapport entendement-raison fera désigner la raison comme entendement et on lui accordera le pouvoir de poser le réel, si bien que son impuissance discréditera le sensible auquel on lie celui-là. On posera la raison comme capable de saisir le supra-sensible et on la baptisera « intuition intellectuelle », en enlevant de la sorte tout sens aux mots. Le « rationalisme kantien s'avoue dans la *définition* que Kant donne de la philosophie comme « science par concepts », à laquelle s'oppose radicalement Schopenhauer. Pour

1. *Ibid.*, p. 557.

celui-ci, la philosophie est une science seulement *dans* des concepts, non *par* des concepts, car, d'une façon générale, le concept n'est rien sans l'intuition où il se fonde.

La fondation intuitive du concept

Le leitmotiv de Schopenhauer est que l'intuition constitue la source de toute connaissance et la connaissance par excellence.

> Toute vérité et toute sagesse résident réellement dans l'intuition[1].

L'intuition est le rez-de-chaussée, le concept ne remplissant que les étages de l'immeuble cognitif.

Le concept est une abstraction tirée de l'intuition (empirique ou *a priori*). Schopenhauer reprend alors la théorie traditionnelle de la formation des concepts (pour lui, il n'y pas de concept transcendantal, car le transcendantal n'est pas un concept). Il faut toujours ramener le concept à une intuition. Le concept, la raison, conçoit, mais ne procrée pas, c'est un pouvoir seulement « féminin »[2], formel, qui ne contient que les règles logiques (identité, non-contradiction), tout contenu réel provenant de l'intuition intellectuellement objectivée par et dans elle-même. Le secret des choses se trouve dans l'intuitionné, non dans le pensé : toute pensée effective repose sur une image :

---

1. *MVR*, p. 750.
2. Cf., *Quadruple racine*, p. 120.

La substance même de toute vraie connaissance est une intuition ; aussi c'est d'une intuition que procède toute vérité nouvelle. Toute pensée, à l'origine, est une image ; c'est pourquoi l'imagination est un outil si nécessaire de la pensée ; les têtes qui en sont dépourvues ne font jamais rien de grand, sinon en mathématiques. Au contraire, des pensées purement abstraites, qui n'ont pas un noyau intuitif, ressemblent aux jeux des nuages : cela n'a pas de réalité[1].

Schopenhauer répète sans cesse que le but de la philosophie alors rapprochée de la poésie, c'est d'enrichir le concept par l'intuition. Or l'acte de ramener, en le fondant, le concept à l'intuition, c'est le *jugement*, lequel ne part pas du concept (comme réunion de concepts), mais y aboutit comme à un simple instrument d'expression, qui généralise et permet la communication. Le jugement – qui s'oppose au raisonnement – est un acte difficile : « Tous savent *conclure*, peu savent *juger* »[2].

Que l'intuition soit la connaissance par excellence, cette thèse de Schopenhauer est illustrée dans sa critique de la géométrie euclidienne comme logicisation de la connaissance de l'espace et de ses propriétés. Il faut toujours traiter, si possible, une science intuitivement. La critique par Schopenhauer de la preuve logique, de la démonstration, s'intègre

---

1. *MVR*, p. 748.
2. Schopenhauer, *Le fondement de la morale – FM –* trad. A. Burdeau, Paris, Aubier, p. 9.

dans une dévalorisation générale du raisonnement.
Le syllogisme ne fait rien découvrir, mais il justifie
un jugement nouveau. Celui-ci était bien impliqué
dans ce qui était déjà su, mais savoir qu'on sait
est important. Cependant, c'est le savoir initial,
d'abord intuitif, qui est la base véritative, qui livre
le *pourquoi* du lien, et non seulement *que* ce lien
existe. La démonstration logique reste à la surface
et doit toujours se fonder sur l'intuition des rapports
des choses : « l'évidence immédiate est toujours
préférable à la vérité démontrée »[1].Quand il s'agit
de la vérité d'un jugement, il faut préférer la vérité
transcendantale à la vérité logique : celle-ci s'appuie
seulement sur le principe de contradiction, mais
celle-là sur les formes pures de l'intellect en leur
articulation génératrice d'être.

La science et les formes
du principe de raison suffisante

Le principe de raison suffisante a rapport à la
science en tant que principe de raison suffisante du
connaître. Or la raison de connaître est médiate ou
immédiate.

– La raison de connaître *médiate* est celle d'un
jugement, c'est-à-dire de quelque chose qui est
lui-même médiatisé, renvoyant finalement à un
immédiat ; telle est la *vérité logique*. La mise en

1. *FM*, p. 105.

relation d'un jugement avec un autre jugement obéit à des lois logiques, lois de la raison.

Un jugement a sa raison dans un autre quand son lien à cet autre est lui-même rationnel. Les lois de la raison sont connues comme telles par une réflexion de cette raison sur elle-même en tant qu'engagée dans des contenus divers : en ce sens, la logique n'est pas immédiatement connue par une conscience que la raison – comme moment du sujet – connaissante aurait d'elle-même (le sujet connaissant n'est pas, comme tel, connu, il ne se connaît qu'à partir de ce qu'il connaît, de ses représentations, de ses œuvres); mais les lois logiques sont tout entières présentes et révélées à même les actes concrets de la représentation. C'est pourquoi on peut les saisir réflexivement avec une totale certitude, car elles sont *a priori*, toutes subjectives, et le sujet est totalement présent dans sa représentation. Ce qui fait que la Logique est une « science pure *a priori* ». Mais elle ne fournit par elle-même aucun contenu réel (mondain). Elle thématise la démarche de toute autre science et connaissance, ainsi que d'elle-même en tant qu'elle opère cette thématisation.

– La raison de connaître immédiate est un immédiat, un fait de la conscience. Celle-ci est entendement et raison. La raison d'un jugement est l'entendement, lequel est empirique ou transcendantal.

a) Quand la raison d'un jugement est un contenu empirique, on a une vérité empirique

b) Quand c'est un contenu transcendantal de l'intellect, on a une vérité transcendantale, soit, s'il s'agit des formes sensibles pures, celle des jugements mathématiques, soit, s'il s'agit du contenu de l'entendement causal, celle du jugement de causalité ou de la métaphysique de la nature (Kant).

Les jugements mathématiques saisissent leur contenu immédiatement à même une intuition pure (forme totalement donnée dans l'intuition empirique), et ce contenu, comme rapport, est immédiatement donné (même si une abstraction doit le sélectionner comme tel). Ce rapport est rationnel. Ce qui rend raison du jugement mathématique, c'est la raison d'être, détermination immanente à l'espace et au temps. Les sciences mathématiques sont une lecture de la raison d'être comme raison immanente à l'intuition *a priori*, donc des sciences pures *a priori*.

Le principe de causalité et les principes métaphysiques de la nature ne trouvent pas leur contenu, comme tel, à même des représentations (l'abstraction ne suffit pas, comme c'est le cas pour les relations mathématiques) : à la différence du transcendantal sensible, le transcendantal d'*entendement* est *conclu* à partir de représentations dont il structure le sens, à chaque fois, sous une détermination singulière, et ces représentations sont les représentations empiriques, en leur empiricité même. Cette empiricité, comme structurée par la causalité, c'est l'empiricité du *devenir*.

Mais le *contenu* de ce devenir rationnel, objet de la science naturelle, est à *découvrir empiriquement*. Pas de certitude absolue à son sujet : la cause doit être découverte à partir de l'effet : toutes les sciences, *a priori* ou *a postériori*, qui ont rapport à ce qui est ou devient, au monde, reposent bien sur l'*intuition*, et elles ont à exprimer la raison même du *contenu intuitionné*.

Il est à noter que, comme les lois logiques, les relations transcendantales (mathématiques, physiques pures) ne sont pas présentes comme telles à elles-mêmes (le sujet connaissant ne se connaît pas lui-même); si Schopenhauer dit qu'elles peuvent être saisies à partir du seul sujet, c'est que l'on peut les tirer de ce que l'on se représente comme étant, dans la représentation, indépendant de ce que l'on se représente comme objet (mais tout cela n'est pas très clair).

La raison d'un jugement peut être aussi la raison, non pas envisagée dans le processus, la médiation quelle est, mais dans l'immédiat comme structure originaire de cette médiation. On ne peut déduire qu'en respectant en fait deux types de principes :

– les trois types d'identité, de contradiction, du tiers exclu

– le principe de raison suffisante

Ces principes expriment ce qui, immédiat de la raison ou de la logique, la conditionne, ce qu'on peut appeler la métalogique.

Ce contenu métalogique n'est pas saisi directement, mais conclu par une réflexion sur la raison[1]. Ainsi le métalogique, tout en étant *a priori* (son contenu peut se tirer de n'importe quelle représentation ou série de représentations parce que, constitutif du sujet connaissant, il ne dépend pas de l'objet connu) doit être élaboré à partir de la connaissance intuitive elle-même, comme seule capable de fournir un contenu à toute pensée.

C'est pourquoi la science, pure comme empirique, n'élabore des jugements qu'en décrivant le contenu intuitif, en le déterminant ou en réfléchissant sur lui. Mais qu'en est-il de la philosophie ? Son contenu n'est ni la raison d'être, ni la raison de devenir, ni la raison de connaître, pas davantage la raison de vouloir (la philosophie n'est ni la morale, ni la sagesse). Elle a pour objet *tout* le principe de raison suffisante. Et cela, pour en dévoiler le sens. Doit-elle alors procéder elle-même intuitivement ? *Oui*.

---

1. *Cf.* Schopenhauer, *Quadruple racine*, § 33, p. 114 ; *MVR*, I, p. 64 *sq.*, Supplément I, p. 734.

pur en saisissant les Idées des objets, mais, en tant
que *dogmatique*, il maintient dans le contenu de
son discours le rapport d'extériorité du sujet et de
l'objet. S'y oppose le *scepticisme*, leur conflit étant
résolu par la *philosophie transcendantale*.

Celle-ci prend en effet en considération le
sujet, comme sujet cognitif : l'objet connu, c'est
la conscience de l'objet, donc quelque chose de
subjectif. D'où le recours à la méthode psycho-
logique, opposée à la méthode logique (selon les
Français !). Mais le contenu de la philosophie
est encore le contenu objectif, senti alors comme
subjectif (intériorisation de l'expérience extérieure).

Puisque, sous toutes ses formes, le rationalisme
exprime le contenu de l'expérience extérieure,
objective, il s'exprime ou peut s'exprimer dans des
concepts, car le concept est une abstraction opérée à
partir de l'intuition (appréhension de l'objet).

L'*illuminisme*, lui, s'alimente, pour s'exprimer, à
une vision intime de l'intérieur des choses, des objets
(conscience supérieure de Dieu...), et il déprécie le
rationalisme comme simple « *Licht der Natur* ».
Quand il se rattache à une religion, il devient du
mysticisme –. Il réagit à une philosophie rationaliste
qui a parcouru un stade sans atteindre son but (il a
un lien existentiel avec le scepticisme). Songeons
au néo-platonisme gnostique, à la mystique post-
scolastique (Tauler, Böhme), au post-kantisme de
Jacobi, Fichte, Schelling, qui veut surmonter l'échec
kantien, qui ne sait pas que l'en-soi est le vouloir) –.

Il joue un rôle positif, quant à l'approfondissement de la vérité : en effet, l'intellect, comme simple organe pour les buts du vouloir, est secondaire, bien loin d'être le tout de son être (il est un moment et un moyen de la manifestation, du phénomène, du vouloir, et sa connaissance ne peut dépasser ce phénomène).

Mais si l'illuminisme peut être un *stimulant* de la philosophie, voire *le* stimulant de celle-ci, il ne doit pas en constituer le *contenu*. Il y a, de ce point de vue, une différence entre un Platon, un Spinoza, un Malebranche (dont le rationalisme est sous-tendu par un illuminisme caché), et un Fichte ou un Schelling (qui exposent, comme vraies, des productions de leur intuition intellectuelle). C'est que le contenu de ladite intuition intellectuelle, de la conscience supra-rationnelle (comme « raison » détachée de tout appui intellectuel) n'est pas communicable : la perception intérieure pure est strictement individuelle, sans qu'il y ait de critère intersubjectif, et le langage, né, moyennant l'abstraction (mot-concept) de la connaissance dirigée vers le dehors, est impropre à exprimer des états purement internes – et, on vient de le dire, il n'est pas possible de créer un langage propre à l'intériorité.

Or l'incommunicable n'est pas prouvable. Mais la philosophie ne doit pas être *arbitraire*. Le philosophe doit s'exprimer dans des concepts (qui, même indirectement, du fait de l'abstraction, ont un contenu objectif), alors que l'intériorité pure – c'est-à-dire le sujet désinséré de toute visée d'un objet, le sujet sans objet – n'est rien de représentable, de connaissable. La philosophie doit être une connaissance communicable, donc il faut qu'elle soit un rationalisme.

C'est là ce qui s'applique à la philosophie de Schopenhauer, et c'est Schopenhauer qui effectue lui-même une telle application. Pour lui aussi, c'est en tournant son regard vers l'intérieur que le philosophe se met sur la voie de la solution de l'énigme du monde, mais il ne *peut* dire, et ne *doit* pas vouloir dire une intériorité (la sienne, mais identique à l'intérieur même du monde) *pure*. Il ne peut vouloir dire qu'une intériorité encore voilée (certes, le moins possible) par les schémas du regard objectif, de l'intellect (*cf.* ce que nous verrons quand il sera question de la connaissance du *vouloir*, comme « phénomène » de l'essence, de l'en-soi), et doit donc se retenir de pénétrer dans le champ de l'illuminisme, dont il reconnaît que l'affirmation fonde et détermine en son site vrai le rationalisme philosophique. Ainsi, Schopenhauer prétend *dépasser, et le rationalisme, et l'illuminisme*, dont les apports sont intégrés par lui en sa philosophie nouvelle.

Si, donc, la philosophie doit être une science dans des concepts et dire ce qui peut être conceptua-lisable, elle ne peut reposer sur les concepts, avoir son principe, son origine, dans les concepts ; elle ne peut être une science par concepts. Son point de

départ et de référence constante, c'est l'expérience,
le contenu de l'intuition, c'est-à-dire le monde
immédiatement présent à la conscience. Pour
être reçu dans la philosophie, le contenu doit être
conceptualisable, mais ce n'est pas parce qu'il est
conceptualisable qu'il est reçu en elle; *la condition
n'est pas le principe*. D'où la critique vigoureuse de
toute philosophie du concept.

LES MOMENTS D'UNE PHILOSOPHIE
DU CONCEPT ET LEUR CRITIQUE

Le philosophe du concept réfléchit dans un
horizon constitué par les concepts, et non pas par la
vie et le monde :

> Ce qui distingue les vrais philosophes des faux,
> c'est que, chez les premiers, le doute naît en
> présence de la réalité même; chez les seconds, il
> naît simplement à l'occasion d'un ouvrage, d'un
> système, en présence duquel ils se trouvent mis [1].

Dans le champ des concepts, un tel philosophe
en prélève un ou quelques-uns, et en fait le point
de départ de sa philosophie. Mais ce choix est
arbitraire (pétition de principe), et, en outre, le
contenu du concept choisi est d'autant plus vide
que ce concept est plus universel (tout peut-être mis
dans ce concept!). Ensuite, le philosophe déduit
logiquement toute la chaine des concepts. Mais, à

---

1. *MVR*, p. 61; *cf.* ce qui a été dit des philosophes livresques.

chaque étape, les concepts sont polysémiques, et, donc, leur choix est en fait orienté par le résultat auquel on veut aboutir (un « système de pensée » n'est pas aussi linéaire qu'il le prétend). En sont des exemples Proclus, le modèle en la matière[1], mais également Spinoza[2] et, bien entendu, les post-kantiens, voire, déjà, dans une certaine mesure, Kant lui-même.

Schopenhauer souligne cet aspect négatif du kantisme. Il reproche généralement à Kant d'avoir privilégié les combinaisons conceptuelles relativement au contenu de l'intuition empirique, d'ailleurs immédiatement récusée comme point de départ de la philosophie : celle-ci, comme méta-physique, a sa source en dehors de l'expérience[3], d'avoir élaboré des déductions artificielles pédantes, appuyées sur des pétitions de principe, bref de n'avoir pas été un penseur « libre »[4].

Il prend l'exemple de la philosophie morale de Kant. Elle est, dit-il[5], « une œuvre très compliquée, abstraite, d'une forme extrêmement artificielle ». Sa base est « en l'air »[6] et constituée par une « pétition »[7]. Il faut, selon Kant, partir des lois de ce qui *devrait* être mais qui n'est pas, alors que

1. *MVR*, p. 762 *sq.*
2. *Ibid.*, p. 114, Note.
3. *Ibid.*, p. 534 *sq.*
4. *Ibid.*, p. 563.
5. *FM*, p. 13.
6. *Ibid.*, p. 42.
7. *Ibid.*, p. 15.

le vrai point de départ du moraliste est un *fait*, une *expérience*. Un tel devoir-être est la raison pratique, mais la distinction *a priori – a posteriori*, rationnelle – empirique, que Kant a heureusement posée dans le champ théorique, ne peut être transposée dans le champ pratique (car c'est la distinction du fondement et du fondé, le rationnel étant vérifié dans tout empirique, alors que, en morale, il y a une pure opposition entre eux [1]). Quant à la *progression* de la philosophie morale de Kant, elle est en fait *circulaire* : la position initiale du devoir, de l'impératif catégorique, renferme déjà, comme anticipation fondatrice, la postulation théologique. L'impératif moral, dont Kant fait sortir cette postulation, est déjà le commandement divin lui-même. « Ainsi Kant, avec son talent de se mystifier lui-même, me fait songer à un homme qui va dans un bal travesti, qui y passe sa soirée à faire la cour à une beauté masquée et qui pense faire une conquête ; elle, à la fin, se démasque, se fait reconnaître : c'est sa femme ! » [2].

En vérité, « pour découvrir le fondement de l'éthique, il n'y a qu'une route, celle de l'expérience » [3] ; il faut, « au rebours de Kant », dire « que le moraliste est comme le philosophe en général, qu'il doit se contenter d'expliquer et éclaircir les données de l'expérience, de prendre ce qui existe

1. *Ibid.*, p. 29-30.
2. *Ibid.*, p. 72.
3. *Ibid.*, p. 103.

ou qui arrive dans le monde pour parvenir à le rendre *intelligible*, et qu'à ce compte il a beaucoup à faire » [1].

La philosophie empirique selon Schopenhauer

La philosophie doit être une cosmologie (*Welt-Weisheit*), non une théologie, celle-ci ne pouvant consister qu'en des concepts arrachés à leur seul fondement effectif.

> La valeur et la dignité de la philosophie consistent donc à mépriser toutes les suppositions sans fondement possible et à n'admettre au nombre de ses données que celles dont la preuve se trouve dans l'intuition du monde extérieur, dans les formes constitutives de notre intellect destinées à en faciliter la conception et dans la conscience, commune à tous, de notre propre Moi. Voilà pourquoi la philosophie doit rester cosmologie et ne pas devenir théologie [2].

Voici encore :

> La philosophie est essentiellement la science du monde, son problème, c'est le monde : c'est au monde seul qu'elle a affaire ; elle laisse les dieux en paix, mais elle attend, en retour, que les dieux la laissent en paix [3].

1. *FM*, p. 15-16.
2. *MVR*, p. 1380.
3. *Ibid.*, p. 884.

*La méthode empirique, inductive, analytique,
de la philosophie.*

A toute étape du discours philosophique,
l'expérience est le référent direct :

– la ou les propositions initiales de la philosophie
expriment les faits : ainsi, la réflexion morale part du
fait de la pitié[1] ;

– les propositions suivantes aussi; pas de
déduction ni de système des pensées; la pensée
philosophique est une pensée pure, qui n'a ni
commencement ni fin, mais circularité et
correspondance organique.

> Si nous avions, d'une seule des choses de ce monde,
> une connaissance complète, et qui fût claire jusque
> dans son dernier fond, nous connaitrions aussi et
> par là même tout le reste de l'univers[2].

Certes, en raison d'une telle correspondance et
totalité, il y a une déduction possible de toute
proposition, et une déduction dans les deux sens,
mais on sait que, pour Schopenhauer, la déduction
intervient après coup (et selon le but que l'on se
propose, arbitrairement; elle ne peut donc être un
procédé de découverte). Ce qui fait que chaque
proposition doit être bien établie pour elle-même,
par réponse directe à l'expérience :

1. *FM*, p. 118.
2. *Ibid.*, p. 4.

Par conséquent, dans cet ensemble de jugements, l'un devrait pouvoir se déduire de l'autre, et réciproquement. Mais pour cela il faut d'abord qu'ils existent, et qu'avant tout on les formule comme immédiatement fondés sur la connaissance *in concreto* du monde, d'autant plus que tout fondement immédiat est plus sûr qu'un fondement médiat ; leur harmonie, qui produit l'unité de la pensée, et qui résulte de l'harmonie et de l'unité du monde intuitif, leur fondement commun de connaissance, ne devra pas être appelée la première à les confirmer ; elle ne viendra que plus tard et par surcroit appuyer leur vérité [1].

Voilà ce qui fait, aux yeux de Schopenhauer, la supériorité de sa philosophie :

Ce qui me paraît être une supériorité notable de ma philosophie, c'est que toutes les vérités en ont été trouvées indépendamment l'une de l'autre par la considération du monde réel, et que, cependant, l'unité et l'enchainement des doctrines particulières se sont toujours présentés après coup et d'eux mêmes, sans que j'ai eu à m'en occuper [2].

L'unité de cette philosophie est une vérité perceptive, et elle se traduit dans l'absence de contradiction de ses jugements, car « dans la réalité intuitive, leur base commune, aucune contradiction n'est possible » [3]. De tels jugements peuvent être, au plus,

1. *MVR*, p. 122.
2. *Ibid.*, p. 882.
3. *Ibid.*, p. 786.

partiels, mais ils ne peuvent être faux et il en va ainsi
même de jugements appartenant à des philosophies
différentes :

> La nature, nous l'avons dit, ne ment jamais ;
> aucune opinion née d'une conception purement
> objective de la nature et déduite avec logique ne
> peut être d'une fausseté absolue ; son plus grave
> défaut, en mettant les choses au pire, sera d'être
> très exclusive et incomplète [1].

La philosophie qui veut avoir une vérité absolue
doit donc *compléter* toute unilatéralité. Ainsi, alors
qu'une philosophie qui, délaissant le réel, se borne
à combiner des concepts est fausse, la philosophie
attentive à la réalité ne peut être qu'unilatérale, et
elle n'est pas à réfuter, mais à compléter.

Un tel complètement est nécessaire, car la
philosophie, savoir en des concepts, doit nécessairement abstraire, c'est-à-dire adopter des points de
vue différents, qui sont au minimum de deux : par
exemple il y a une philosophie du monde comme
volonté et une philosophie du monde comme représentation, et, comme on le verra plus loin, une
philosophie transcendantale et une philosophie
naturaliste. Mais le philosophe doit réunir ces
abstractions : le monde comme volonté *est* le monde
comme représentation, la volonté sentie *est* le corps
intuitionné. – La philosophie part forcément d'une
présupposition, qu'il s'agit ensuite de « compenser

1. *Ibid.*, p. 1215.

et justifier » en adoptant le point de station opposé, d'où l'on peut dériver la première. Schopenhauer est d'abord parti du subjectif, qu'il a ensuite complété objectivement, sans pour autant égaler les deux points de vue.

De la sorte, la *démarche philosophique*, de complètement et addition, reproduit la loi même de l'*exploration perceptive* comme sommation de perceptions, cette sommation s'unifiant dans un « point de vue absolu » dont l'évocation même signifie que le savoir philosophique ne se limite pas à un savoir perceptif-physique, mais s'élève à une métaphysique. Il n'en reste pas moins que le discours philosophique doit toujours parler de l'expérience, l'avoir pour contenu. Il convient dès lors d'analyser directement le rapport entre les sciences et la philosophie.

Les sciences et la philosophie

Il est inutile de souligner que, pour Schopenhauer, la philosophie doit nourrir sa réflexion des résultats de la science. De plus, la démarche philosophique et la démarche scientifique ont *même style* (abstraction généralisante à partir de l'expérience). Il n'y a, semble-t-il, qu'une différence de degrés entre elles.

Les philosophies des sciences particulières fournissent ses matériaux à la philosophie générale, qui doit donc s'informer auprès d'elles (qui n'ont pas à attendre celle-là, elles). C'est ce que Schopenhauer a fait. Et cette information est aussi une confirmation,

« car la vérité la plus générale doit toujours pouvoir se justifier par des vérités plus spéciales » [1].

Cependant, Schopenhauer marque tout autant la différence entre les sciences et la philosophie :

– Le philosophe et les savants ont un rapport semblable à celui qui existe entre le chef d'orchestre (qui doit connaître la nature et le maniement de chaque instrument sans savoir jouer de tous) et les musiciens (spécialistes qui ignorent le tout et les autres parties de la mélodie); c'est un peu comme la différence entre le génie et les talents. L'objet de la philosophie n'est pas une expérience déterminée, mais l'expérience même, en général.

– Mais le progrès en généralisation (*quantité*) se fait un progrès *qualitatif* : les savants se contentent des servantes de Pénélope, le philosophe est accueilli par leur maitresse ! [2]. La différence entre science et philosophie est celle de la physique et de la métaphysique. L'explication physique de l'expérience est insuffisante. Elle a deux limites irrémédiables : la régression indéfinie de la causalité, et le caractère inconnaissable des forces s'exprimant dans les relations causales (pesanteur, solidité, élasticité, chaleur, … motivation, bref : l'ignorance de l'élément varié où se réalise le principe de raison).

– L'explication physique est « relative » [3]; ses progrès ne nous font pas avancer d'un pas dans

1. *MVR*, p. 814.
2. *Ibid.*, p. 815.
3. *Ibid.*, p. 867.

la connaissance du sens vrai de la nature ; c'est là le labyrinthe de la vision physique des choses. Et beaucoup de savants s'en tiennent à lui, ils continuent de « fouiner » microscopiquement et micrologiquement[1], sans soupçonner que l'en-soi des phénomènes se fait connaître dans les phénomènes les plus élaborés, ceux de la conscience, les phénomènes intellectuels et moraux, l'esprit :

> Les mystères derniers et fondamentaux, l'homme les porte dans son être intime, et celui-ci est ce qui lui est le plus immédiatement accessible. Aussi est-ce là seulement qu'il peut espérer trouver la clé de l'énigme du monde, et le fil unique qui lui permette de saisir l'essence des choses. Le domaine propre de la philosophie est donc ce qu'on a appelé la philosophie de l'esprit »[2].

La connaissance physique ne doit pas être absolutisée en une « physique absolue » ou en un « naturalisme » faisant d'un phénomène l'en-soi, et ne voyant pas que le monde n'est que ma représentation. L'explication physique a bien plutôt besoin d'une explication métaphysique : l'inexplicable est l'indice que l'ordre de la nature se fonde sur un ordre différent : « Toute chose physique est également par un autre côté une chose métaphysique »[3].

Mais la *méthode* de la physique n'est pas la méthode de la métaphysique. Celle-ci doit utiliser

1. *MVR*, p. 873.
2. *Ibid.*, p. 874.
3. *Ibid.*, p. 869.

l'intellect contre lui-même : la physique exprime l'orientation même de l'intellect, et si celui-ci n'atteint pas, en elle, le fond des choses, c'est que sa destination n'est pas théorique, mais pratique (service du vouloir, qui n'est pas son objet, mais son principe).

La philosophie comme savoir métaphysique de l'immédiateté empirique

Il y a l'*antinomie* suivante :
– Tout savoir est (par son origine et son contenu) empirique
– Le savoir métaphysique dépasse l'expérience :

> Par métaphysique, j'entends tout ce qui a la prétention d'être une connaissance dépassant l'expérience, c'est-à-dire les phénomènes donnés, et qui tend à expliquer par quoi la nature est conditionnée dans un sens ou dans l'autre ou, pour parler vulgairement, à montrer ce qu'il y a derrière la nature et qui la rend possible [1].

Ou encore :

> Comment une science puisée dans l'expérience peut elle dépasser celle-ci et mériter ainsi le nom de métaphysique ? [2].

Comment une métaphysique empirique, un dépassement empirique de l'expérience, sont-ils possibles ?

1. *Ibid.*, p. 856.
2. *Ibid.*, p. 877-878.

Critique de toute métaphysique transcendante

La métaphysique transcendante veut construire la chose en soi selon les lois du phénomène, entreprise semblable à celle qui consisterait à vouloir faire se recouvrir deux figures dissemblables, et qui échoue nécessairement. Elle est naïve, car elle prend les lois du phénomène, de la représentation, pour l'en-soi. La critique kantienne d'une telle métaphysique ne s'est pas libérée totalement de la perspective transcendante, d'où l'exigence de dépasser le kantisme.

La métaphysique pré- et post-kantienne, dogmatique [1].

Elle veut expliquer l'expérience mondaine à partir d'un être posé comme la *raison* de ce qui est fourni par l'expérience, de la relation sujet-objet constitutive de celle-ci :

– *métaphysique de l'objet*, saisi

soit selon son contenu empirique (Ioniens, Démocrite, Epicure, matérialistes français)

soit selon son contenu conceptuel (Eléates, Spinoza)

soit selon son contenu formel-sensible (espace ou temps, nombre, Pythagore et les Chinois)

soit selon son contenu essentiel (le vouloir, doctrines créationnistes)

1. *MVR*, p. 52 *sq.*

– *métaphysique du sujet* : Fichte (qui a réalisé en une doctrine la méthode de Kant)

– *métaphysique du sujet-objet* : Schelling, Hegel. Toutes ces métaphysiques absolutisent ce qui n'a de sens que comme relatif, comme structure de la représentation (la représentation, c'est le champ du relatif) :

– l'objet n'est tel que par et pour un sujet

– le sujet n'est tel que par et pour un objet

– la relation sujet-objet est position, non seulement de leur identité, mais aussi de leur différence. De plus, elles ignorent que le principe de raison, qu'elles utilisent pour relier le monde de l'expérience à un principe méta-empirique (posé comme méta-empirique) n'a de sens qu'à l'intérieur du monde empirique, du monde de la représentation, et, plus précisément, à l'intérieur du moment objectif de celle-ci (pas de rapport de causalité entre le sujet et l'objet). D'où l'erreur constante de la philosophie, qui a été de méconnaitre le champ limité de la validité du principe de raison suffisante.

Enfin toutes ces métaphysiques, pour déterminer le principe méta-empirique (comme Dieu, comme Substance, comme Matière, comme Esprit, comme Absolu...), utilisent des concepts dont le seul sens renvoie, par une série de médiations, à l'intuition du monde, soit envisagée en ses éléments empiriques, soit envisagée en ses formes *a priori*. D'où la contradiction qu'il y a à prétendre atteindre à travers eux un en-soi.

Bref, la métaphysique dogmatique, sous toutes ses formes, ignore que la position de l'en-soi par lequel elle veut rendre compte du monde de l'expérience exprime ce monde, ne parle que de lui. Si bien que la métaphysique, en sa forme traditionnelle, est impossible. C'est ce que Kant a compris.

La critique kantienne de la métaphysique

Kant a définitivement établi que les concepts, lois, principes orientant la métaphysique dogmatique n'avaient de valeur que dans le domaine empirique [1] :

– si la métaphysique – comme Kant, lui aussi l'admet – est la science de ce qui réside au-delà de toute expérience,

– pour l'édifier, il faut s'appuyer sur des concepts et des principes dont la source n'est pas empirique, mais *a priori*, or nous avons de tels concepts et principes,

– mais, alors que, avant Kant, ils passaient pour des vérités éternelles, Kant établit qu'ils sont de simples formes de l'entendement, pouvoir de saisir les objets de l'expérience, que la métaphysique est impossible, et il faut lui substituer la critique ou philosophie transcendantale [2].

Cependant, Kant a commis une incroyable inconséquence. Apres avoir établi (essentiellement dans l'Esthétique transcendantale) que tout ce que

---

1. Cf., *MVR* p. 878.
2. *Ibid.*, p. 527.

nous nous représentons n'est pas l'en-soi, mais un simple phénomène, bref : après avoir démontré (seulement dans la première édition de la *KRV*) l'idéalisme en sa radicalité (*cf.* Berkeley), il pose hors de la représentation, mais liée à elle, comme sa raison, son fondement, la chose en soi. Si Kant a eu raison d'affirmer la chose en soi, comme radicalement distincte du contenu phénoménal, il a eu tort de l'établir par une déduction fautive : le principe de raison ne peut avoir de sens qu'à l'intérieur du phénomène ; il n'y a pas d'application transcendante possible du principe de causalité (Schulze avait raison de dire que, à partir des principes du kantisme, exprimés dans la *KVR*, on ne pouvait introduire le concept de chose en soi), et Schopenhauer y insiste :

> En suivant la loi de la représentation, on ne pourra jamais dépasser la représentation, elle est un tout fermé et ne possède pas en propre un fil qui puisse mener jusqu'à cette chose en soi, dont l'essence diffère *toto genere* de la sienne [1].

La chose en soi n'est pas un objet, car l'objet est un moment de la représentation ; on ne peut donc l'affirmer en considération de celle-ci. De plus, la base de l'affirmation kantienne dans la critique de la métaphysique est une véritable pétition de principe [2]. C'est là le *postulat* commun à Kant et aux penseurs

---

1. *Ibid.*
2. *Cf.* le § 1 des *Prolégomènes*.

dogmatiques, car il n'y a pas été démontré que l'on ne devait pas utiliser le monde et son contenu (l'expérience) pour résoudre le problème de son être.

Cependant, pour Schopenhauer, identifier la métaphysique (saisie de ce qui est en soi) à l'exclusion de toute expérience, « cela revient à exclure la source principale de toute connaissance et à condamner la seule voie directe qui conduise à la vérité »[1]. La métaphysique ne peut être vraie qu'empirique.

La métaphysique empirique selon Schopenhauer

1) La question métaphysique ne doit pas présupposer la validité du principe de raison en dehors de la représentation et du monde. Elle n'est pas : « *Pourquoi* le monde ? », mais seulement : « *Qu'est-ce que* le monde ? »

Certes, chacun sait ce que c'est que le monde, mais c'est une connaissance intuitive *in concreto*, éparpillée, pour laquelle le sens du monde n'est pas thématisé comme tel, posé à part de l'intuition et de l'expérience, dans un savoir, un concept, du contenu empirique, « car, pour ce qui est de la connaissance intuitive, *in concreto*, chaque homme trouve en soi-même par la conscience toutes les vérités philosophiques, mais, de les traduire en savoir abstrait, de les soumettre à la réflexion, voilà l'affaire de la philosophie, elle n'en doit pas, elle n'en peut pas

1. *MVR*, p. 535.

avoir d'autres » [1]. C'est bien par l'abstraction et par le jeu combiné de l'analyse et de la synthèse que le philosophe peut dire le *sens* du monde.

> Dès lors, la philosophie sera une somme de jugements très généraux, dont la raison de connaissance immédiate est le monde dans son ensemble, sans en rien exclure ; c'est tout ce qui se trouve dans la conscience humaine ; elle ne fera que répéter exactement, que refléter le monde dans des concepts abstraits, et cela n'est possible qu'en réunissant dans un concept tout ce qui est essentiellement identique, et en séparant, pour le réunir dans un autre, tout ce qui est différent [2].

Et Schopenhauer de citer Bacon de Verulam, qui avait compris ainsi la philosophie.

Si l'expérience est le *contenu* de la philosophie, elle est aussi sa *motivation*. Car elle est l'expérience de l'étonnement, pour lequel le monde est une « énigme », et qui est un étonnement « douloureux » [3] ; elle est l'expérience d'abord du malheur et du mal.

Le philosophe réfléchit sur cet aspect négatif du monde, ce qui lui interdit d'ailleurs d'articuler sa question métaphysique selon le principe de raison, qui fait voir le monde comme *nécessaire*. Si Spinoza avait raison, son propos n'aurait pu être tenu, car son origine, l'étonnement, n'aurait jamais surgi.

1. *Ibid.*, p. 481.
2. *Ibid.*, p. 122.
3. *Ibid.*, p. 865.

La philosophie consciente de sa propre possibilité ne peut donc bien s'interroger que sur le *sens* du monde :

> Voilà pourquoi je prétends que c'est en acquérant l'intelligence du monde lui-même que l'on arrivera à résoudre le problème du monde lui-même[1].

2) *En quoi consiste cette intelligence du monde?*
Qu'est ce que découvrir le *sens du monde?* « L'ensemble de l'expérience ressemble à une écriture chiffrée; la philosophie en sera le déchiffrement »[2].

Ce déchiffrement consiste à saisir l'*unité* de tous les phénomènes et données de l'expérience du monde, de telle sorte qu'il n'y ait ni reste ni contradiction. Cette unité apparaît dans un système de relations, de jugements constituant la « clef », l'« alphabet » dont l'application donne une signification (cohérente) à l'écriture inconnue qu'est le monde :

> Lorsqu'on se trouve en présence d'une écriture dont l'alphabet est inconnu, on poursuit les essais d'application jusqu'à ce qu'on soit arrivé à une combinaison donnant des mots intelligibles et des phrases cohérentes. Alors aucun doute ne demeure sur l'exactitude du déchiffrement; car il n'est pas possible d'admettre que l'unité établie ainsi entre tous les signes de l'écriture soit l'œuvre d'un pur hasard et qu'elle pût être réalisée en donnant aux

1. *MVR*, p. 536.
2. *Ibid.*, p. 878.

diverses lettres une valeur tout autre. D'une manière
analogue, le déchiffrement du monde doit porter
sa confirmation en lui-même. Il doit répandre une
lumière égale sur tous les phénomènes du monde et
accorder ensemble même les plus hétérogènes, de
sorte que toute opposition disparaisse entre les plus
contradictoires. Cette confirmation intrinsèque est
le critérium de l'interprétation [1].

Tel est le déchiffrement schopenhauérien du monde :

La solution d'une énigme est vraie quand elle
convient à tout ce qu'énonce cette énigme. C'est
ainsi que ma doctrine met de l'unité et de l'ordre
dans le chaos confus et divers des phénomènes, et
résout les contradictions nombreuses que présente
cette diversité, quand on la considère de tout autre
point de vue [2].

Toutefois, l'alphabet, la clef ouvrant une saisie
cohérente du monde est, plus précisément, le résultat
d'une combinaison, hiérarchique, de données
(privilégiées) fournies par le monde lui-même :

N'est-il pas naturel que la science de l'expérience
en tant que telle puise aux sources de cette
expérience [3] ?

Comme le dit Schopenhauer, *le monde contient dans
lui-même les éléments de son propre commentaire*

1. *Ibid.*, p. 880.
2. *Ibid.*, p. 881.
3. *Ibid.*,p. 876.

(par exemple le sommeil, quand il s'agit de comprendre la mort) [1].

Par là, « la métaphysique ne dépasse donc pas réellement l'expérience, elle ne fait que nous ouvrir la véritable intelligence du monde qui s'y révèle » [2]. Cependant, puisque la métaphysique n'est pas une description du monde comme pluralité d'expériences, mais une interprétation de *l'*expérience en son ensemble reposant sur l'abstraction valorisante de certaines données de cette expérience, la métaphysique exprime la *génialité* du regard philosophique. Comme le sens de l'expérience, du monde (sans être sa raison) n'est pas, néanmoins, lui-même un contenu mondain ou empirique, la métaphysique « dépasse » l'expérience sans parler d'autre chose que d'elle. Comment alors s'opère, chez Schopenhauer, ce dépassement herméneutique de l'expérience ?

3) « *Le subjectif nous donne la clef de l'interprétation de l'objectif* » [3].

C'est bien un leitmotiv schopenhauérien :

> Le vrai point de départ d'une philosophie est nécessairement et par essence le point de départ subjectif, c'est-à-dire idéaliste [4].

1. *MVR*, p. 1224.
2. *Ibid.*, p. 879.
3. *Ibid.*, p. 1079.
4. *Ibid.*, p. 1231.

« Le véritable philosophe doit donc être idéaliste »[1]. Et c'est pourquoi il faut faire l'éloge de *Descartes*. C'est pourquoi la philosophie doit d'abord être transcendantale, dianoialogique, à la suite du kantisme : puisque l'objet est un moment de la représentation, le philosophe doit se donner pour objet la représentation, réalité immédiate de l'immédiateté empirique. Le sens du monde se lit à partir de ce qu'il a de plus immédiat, et qui est la *conscience* (de l'objet médiatisé par elle). Cependant, Schopenhauer n'en reste pas à la perspective transcendantale de Kant, et le dépassement qu'il opère du kantisme manifeste en quel sens il faut entendre son impératif de fondation de la philosophie sur le subjectif : *la subjectivité schopenhauérienne n'est pas la subjectivité kantienne* :

– D'abord, Kant s'enferme dans la subjectivité et montre comment le monde objectif émane des lois mêmes du sujet. Il prend la subjectivité représentative comme un fait donné par notre conscience ; il procède *a posteriori*. Schopenhauer complète ce point de vue en proposant une vue objective de l'intellect, de la conscience, une étude physiologique génétique de l'intellect (fonction cérébrale). La vraie séquence est bien : volonté-organisme-cerveau-intellect (au service du vouloir). La philosophie, comme étude de la représentation, doit ainsi combiner l'analyse transcendantale et l'analyse objective (physiologique).

1. *Ibid.*, p. 673.

– Cette cumulation semble susciter une contradiction, qu'on a souvent dénoncée. Mais Schopenhauer la revendique :

> Nous voyons donc que, d'une part, l'existence du monde entier dépend du premier être pensant, quelque imparfait qu'ait été cet être ; d'autre part, il n'est pas moins évident que ce premier animal suppose nécessairement avant lui une longue chaine de causes et d'effets, dont il forme lui-même un petit anneau [1].

Il y a là une *antinomie de notre faculté de connaître*. Mais, bien loin de signifier la fausseté de la philosophie qui la reconnaît, elle manifeste la nécessité de dépasser la (fausse) clef qu'est une philosophie du monde comme simple représentation (relation sujet-objet) et de fabriquer une autre clef renvoyant à un autre monde, le monde comme volonté, qui consiste dans une relation hiérarchique entre les deux aspects – abstraits – du monde.

– En réalité, le subjectif saisi comme subjectif de la représentation est encore de l'objectif. Le *vrai subjectif* sur lequel la philosophie doit s'appuyer, c'est le subjectif libéré de la relation à l'objet, le subjectif qui n'exprime pas la représentation, le phénomène, mais l'en-soi lui-même. Kant limite à tort la subjectivité à la représentation, malgré un pressentiment du sens méta-représentatif de la conscience morale, et l'expérience interne

---

1. *MVR*, p. 58.

à l'expérience externe. Or il y a *deux données immédiates* de la conscience et de la subjectivité : la *conscience de soi* et la *conscience de l'objet*, le *sentiment* et l'*intuition*, l'*expérience interne* et l'*expérience externe*. L'expérience est aussi bien la conscience non représentative, immédiate, du sujet comme volonté, que la conscience intuitive, représentative. – Ainsi, l'analyse de l'expérience manifeste en elle, *et* le phénomène, *et* la chose en soi en son phénomène volontaire. L'homme connaît son corps, et par l'intuition, et par la conscience immédiate du vouloir. Il y a, pour Schopenhauer, une conscience immédiate, sourde, de notre éternité. L'en-soi n'est donc pas *conclu* à partir du phénomène comme sa raison, mais *vécu* à même l'expérience où se déploie également la représentation phénoménale. C'est un seul et même être qui se saisit en son double sens, phénoménal et essentiel – la seule connaissance directe étant celle du vouloir essentiel[1].

L'identification de ce que saisissent l'expérience interne et l'expérience externe – que la philosophie doit combiner l'une avec l'autre – est la thématisation (due à la *génialité* de Schopenhauer !) de la « connaissance la plus immédiate » que nous ayions (expérience originaire, profonde, enfouie, de l'identité de l'expérience interne et de l'expérience externe) :

1. *Ibid.*, p. 1043.

C'est une connaissance d'un genre spécial, dont
la vérité, pour ce motif, ne peut se ranger sous
aucune des rubriques sous lesquelles j'ai disposé
toute vérité… Elle est la relation d'un jugement
avec le rapport qui existe entre une représentation
intuitive et ce qui, loin d'être une représentation,
en diffère absolument : la volonté. Pour ce motif, je
pourrais distinguer cette vérité de toutes les autres
et l'appeler la vérité philosophique par excellence
(κατ' εξοχην)[1].

Sur le fondement de cette connaissance la plus
immédiate (comme telle la plus difficile à thématiser,
et qui, pour cette raison, apparaît tardivement
comme le principe de la métaphysique), s'édifie
celle-ci ; elle doit combiner entre eux les deux types
d'expérience :

La source de la métaphysique n'est pas seulement
l'expérience externe, mais l'*expérience interne* ; le
propre même de la métaphysique…, c'est qu'au
point convenable, elle sache combiner l'expérience
externe avec l'expérience interne, et qu'elle fasse
de celle-ci la clé de celle-là[2].

Le caractère empirique de la métaphysique lui enlève
certes la certitude apodictique (qui n'appartient qu'à
la connaissance *a priori*), mais, comme elle exprime
l'expérience en général, et non pas des expériences
particulières, elle peut atteindre à un savoir *définitif*,

1. *MVR*, p. 144.
2. *Ibid.*, p. 877.

ce qui ne signifie pas qu'elle puisse être un savoir *absolu*.

La volonté, dont nous avons une conscience (non représentative) immédiate, est encore vécue temporellement (nous la connaissons seulement en la succession des actes et des affects). Certes, nous ne la saisissons plus à travers la spatialité, mais si l'intellect n'intervient pas dans son entier – de telle sorte que l'on ne se représente pas vraiment la volonté –, il intervient encore, ce qui fait que la volonté telle que nous la saisissons est la volonté *phénoménale* :

> Rigoureusement parlant, nous ne connaissons toujours ainsi notre volonté elle-même que comme phénomène, et non dans sa nature intime et absolue, quelle qu'elle puisse être [1].

La volonté est le phénomène le plus immédiat, la médiation la plus immédiate de l'en-soi.

Rigoureusement, nous ne pouvons connaître l'en-soi : « connaissance de l'en-soi » est une expression contradictoire [2]. Certes, il y a un flottement de Schopenhauer quant à la définition du terme « connaissance » (s'agit-il de la représentation achevée ou d'un simple moment de la représentation ?).

---

1. *Ibid.*, p. 1241.
2. *Ibid.*, p. 986.

Pour saisir l'en-soi, il faut supprimer par la pensée l'intervention de l'intellect, mais alors il ne reste qu'un ensemble de négations, un néant négatif :

> Par une conséquence naturelle, ma doctrine, arrivée à son point culminant, prend un caractère négatif et finit par une négation. Car elle ne peut plus parler alors que de ce qu'on nie et de ce qu'on abandonne… Il ne s'ensuit pourtant pas que ce soit un néant absolu… mais simplement que nous nous trouvons bornés à une connaissance toute négative de la chose, ce qui peut très bien tenir à l'étroitesse de notre point de vue. [1]

Assurément, on peut faire ici appel au mysticisme, mais alors on quitte le sol de la philosophie.

Il y a donc une « *épiphilosophie* » comme philosophie prenant conscience de sa propre limite [2]. La philosophie de Schopenhauer tient donc le milieu entre la philosophie dogmatique (tout est connaissable) et la philosophie kantienne (l'être est inconnaissable) [3]. Nous avons une conscience de l'en-soi du phénomène, et Schopenhauer a posé une telle conscience, mais celle-ci ne peut être une *connaissance* proprement dite de l'en-soi. La volonté est un tel en-soi dans le phénomène, l'en-soi s'affirmant, mais qu'est l'en-soi se niant comme volonté, le néant du monde ? La philosophie, comme

---

1. *MVR*, p. 1380 *sq.*; *cf.* aussi p. 1418.
2. *Ibid.*, p. 1414 *sq.*
3. *Cf.*, p. 536.

science du monde, peut seulement relativiser son objet essentiel :

> Quelque flambeau que nous allumions, quelque espace qu'il éclaire, notre horizon demeure toujours enveloppé d'une nuit profonde [1].

---

1. *Ibid.*, p. 881.

Deuxième partie

NIETZSCHE

CHAPITRE V

LA PHILOSOPHIE NIETZSCHÉENNE
À L'ÉPOQUE DE
LA NAISSANCE DE LA TRAGÉDIE

Nietzsche a lui-même, *dans son Essai d'une auto-critique* (*Versuch einer Selbstkritik*), paru en 1886, indiqué le sens de sa pensée à l'époque de son premier ouvrage publié. Pour apprécier le sens de cette indication, il convient d'analyser la signification qu'il établit entre une préface et une postface; car l'article de 1886 se présente comme une préface qui est en même temps une postface, équation qui est à lire dans les deux sens.

1) La préface est ce qui doit contenir la vérité d'une œuvre, le sens vrai de la « perspective » qu'elle esquisse, et, par là, elle ne peut être qu'une postface. Le passé d'une existence (ici, d'auteur) n'a de sens que dans une auto-interprétation qui est une auto-critique : on doit *devenir* ce que l'on est.

2) Mais la postface peut et doit être présentée comme une préface, car ce qu'elle dit est pour elle le sens vrai de la pensée passée de l'auteur : l'auto-

critique est une *auto*-critique, et elle se borne à faire
apparaître l'inégalité à soi-même, la contradiction
intérieure de l'en-soi (constant) de la manifestation
(maintenant dépassée) de la pensée passée du *même*
penseur : on ne devient que ce que l'on *est*.

D'où le jugement de Nietzsche sur lui-même, sur
le style même de sa réflexion et de sa vie (comme
vie consacrée à la réflexion).

Karl Löwith, dans *La philosophie nietzschéenne
de l'éternel retour du même* [1], écrit ceci :

> La philosophie de Nietzsche n'est ni un système unitaire
> fermé ni une multiplicité d'aphorismes extérieurs les
> uns aux autres, mais un système en aphorismes [2]. Ce qui
> est vrai pour la forme de la pensée, mais également pour
> son contenu.
> – Un système *en aphorismes*, autre, comme tel, qu'un
> système proprement dit (celui de la philosophie post-
> kantienne), en tant que totalité fermée prétendant
> posséder la vérité. Le philosophe systématique veut
> la vérité comme « *Gewissheit* » (être-certain), non
> comme « *Entdecktheit* » (être-écouvert), car il préfère
> le roc solide à la mer ouverte sur l'infini ; il *croit* en
> la vérité et n'ose pas vivre en forgeant une *hypothèse*.
> Tandis que Nietzsche est un essayiste (*Versucher*),
> un expérimentateur. Il se compare aux grands expéri-
> mentateurs et découvreurs de la Renaissance : Colomb,
> Vinci. En lui, le « voyageur » expérimente avec le
> nihilisme, puis avec ce à quoi celui-ci conduit en son
> achèvement, avec la doctrine, l'hypothèse de l'éternel

1. *Nietzsches Philosophie der ewigen Wiederkehr des
Gleichen*, 1934, rééd. 1956, Stuttgart, Kohlhammer.
2. *Ibid.*, p. 15.

retour ; il s'agit là d'un « ultime essai avec la vérité », et Dionysos est bien le « dieu qui essaie » [1].

D'où la volonté de Nietzsche de porter l'interrogation aussi loin que possible, sous des horizons toujours ouverts. Contrairement à tous les philosophes précédents, même les sceptiques, qui ont cru qu'ils avaient la vérité, Nietzsche est convaincu que nous n'avons pas la vérité, parce que plus rien n'est vrai et que tout est permis. Le chemin vers la vérité (laquelle n'est pas ce qu'on *a*, mais un mode d'*être* probe) ne se déroule pas dans la confiance en l'être dans la vérité, mais dans la méfiance envers toute vérité à laquelle on a cru jusqu'alors. Un tel chemin ne conduit pas à de belles prairies, mais seulement à deux petits grains de blé ; ceux-ci sont des vérités, mais comme *aphorismes*.

– Un *système* en aphorismes : l'interrogation de Nietzsche est conduite selon une direction très fermement tenue (tel un gouvernail). Il a bien lui-même souligné que l'interrogation de tout philosophe, et notamment la sienne, est définie originairement, et, dès lors, unifie toute sa réflexion.

Ainsi, d'après *Par delà le bien et le mal*, on se transforme assurément en apprenant, mais, « au fond de nous, tout en bas, il y a en vérité quelque chose d'inenseignable, un granit de *fatum* spirituel, de décision prédéterminée, de réponse prédéterminée à des questions sélectionnées de

1. « *Versucher-Gott* »

façon prédéterminée ». Les réponses qui constituent nos « convictions » sont des « jalons en direction du problème que nous *sommes* [...], de notre fatum spirituel » [1].

Dans la préface de la *Généalogie de la morale*, Nietzsche reprend ces mêmes thèmes originels qui expriment une « volonté fondamentale » de la connaissance, volonté d'où naissent nos idées, nos « oui » et nos « non », de même que d'un arbre naissent ses fruits [2].

Dans le « Chant final » de *Par delà le bien et le mal*, Nietzsche écrit « Qui change seul me reste apparenté » [3], mais, pour lui-même, il a seulement changé parce qu'il restait le même (tel le serpent en sa mue). Il déclare dans une Lettre qu'il a été sauvé de toutes les digressions et dispersions par la « tâche » dont il était le missionnaire involontaire. C'est à cette tâche unique et constante que sa pensée doit son unité depuis *La naissance de la tragédie*. Dans la préface de la *Généalogie de la morale*, Nietzsche parle de son « *a priori* ». Il voit dans son œuvre successive un approfondissement de cet « *a priori* » unique, un cheminement vers le dévoilement achevé d'un tel « *a priori* », c'est-à-dire vers la sagesse.

---

1. Nietzsche, *Par-delà le bien et le mal – PDBM —*, § 231, trad. P. Wotling, 2010, Paris, GF-Flammarion, p. 207.
2. *Généalogie de la morale – GM –* § 2, trad. É. Blondel *et alii*, 1996, Paris, GF-Flammarion, p. 27.
3. *PDBM*, p. 285.

On peut lire dans l'œuvre posthume que « le chemin vers la sagesse » comporte trois étapes séparées par deux crises :

– l'étape de la vénération ;

– l'étape de la libération absolue ou du nihilisme radicalisé (« Non » à la modernité) ;

– et l'étape de l'affirmation destinale (« Oui » à l'éternel retour des choses), de *l'amor fati*, dans lequel la liberté se libère d'elle-même.

Bref, la série : « Je dois (*ich soll*) – Je veux (*ich will*) – Je suis (*ich bin*) », pour évoquer la tâche wagnérienne, et le *Nietzsche contre Wagner*.

Le retour du même est saisi finalement en son sens originaire. Dans *Le crépuscule des idoles*, la théorie de l'éternel retour – dont les dernières œuvres développent surtout le côté second, négatif – est présentée comme une répétition de *La Naissance de la tragédie* : son théoricien est l'ultime disciple du philosophe Dionysos (ont sait que le IVᵉ Livre de *La volonté de puissance* devait s'intituler, d'après le plan de 1888, « Dionysos ». Il y a bien là un même problème, mais dont la compréhension finale permet seule d'interpréter adéquatement les premières compréhensions aboutissant à la Préface de 1886.

Cette compréhension par Nietzsche de sa vie réflexive comme dévoilement progressif d'un unique *a priori*, d'un caractère, n'est pas sans rappeler la théorie schopenhauérienne du caractère intelligible, dont le sens ne se livre qu'avec le progrès de ses manifestations empiriques, tout en restant en lui-même strictement immuable. En réalité, et d'une façon plus générale quant aux thèmes, le questionnement de Nietzsche s'opère dans un dialogue constant entre Schopenhauer et lui-même (voir la fin de *La généalogie de la morale*). D'emblée, Nietzsche est la négation de son maître, bien que cette négation ne soit pas explicitée immédiatement et comme étant fondamentalement l'opposition du *Non* à la vie et du *Oui* à la vie (on notera, sur ce point, la différence entre le contenu de *La naissance de la tragédie* et la Préface de 1886).

Dans la Préface de 1886, il va s'agir d'une interprétation critique de la pensée de Nietzsche à l'époque de *La Naissance de la tragédie* ainsi que des écrits qui l'entourent (*Fragments* de 1870-1873, et *Considérations intempestives*

En 1886, Nietzsche juge assez sévèrement son œuvre, mais il en souligne l'importance et en dégage les caractères fondamentaux, en particulier ceux par lesquels *La naissance de la tragédie* se différenciait des thèmes schopenhauériens et – à l'époque, ils étaient plus ou moins assimilés – wagnériens.

La problématique de *La Naissance de la tragédie* est liée à un problème très personnel. L'ouvrage est né dans et *contre* le temps d'un problème politique crucial, marqué par la guerre de 1870. Le lien alors vécu par Nietzsche entre la politique et la philosophie n'a rien de comparable à l'hégélianisation – si je puis dire – de la bataille d'Iéna ! Pour Nietzsche, comme pour Schopenhauer, la philosophie réfléchit sur le sens et la valeur de l'existence prise en sa dimension personnelle, et non pas politico-historique, objective. Schopenhauer dévalorise l'histoire : les phénomènes expriment une volonté toujours la même, le seul devenir vrai étant le cercle de la répétition. Et, quant à Nietzsche, il opère bien, notamment dans la deuxième *Considération intempestive*, un rabaissement de l'historico-politique. Son problème essentiel est, comme pour Wagner, et dans la suite de Schopenhauer, le problème existentiel, subjectif, du salut et de la rédemption.

Cependant, en 1886, Nietzsche sait bien qu'il est différent de Schopenhauer. Pour lui, la solution du problème de l'existence n'est pas morale, parce qu'elle est une solution non seulement personnelle, mais culturelle, qui doit survenir comme une nouvelle figure de la civilisation. Le problème est un problème d'actualité culturelle ; il est du même ordre que celui qui stimulait l'entreprise wagnérienne. On peut songer à la première *Intempestive*, liée à la situation désolante de la culture allemande. L'intérêt de Nietzsche pour l'histoire va à celle-ci comme lieu de la culture [1] : l'histoire est au service de la vie présente. Or, en 1886, Nietzsche regrette un tel souci de l'actualité : actualiser le problème grec, c'est le pervertir en sa signification éternelle : Wagner n'est pas Eschyle.

---

1. *Cf.* le contenu de la deuxième *Intempestive*.

Si la solution du problème de l'existence n'est pas morale par sa *forme*, elle nie tout autant la morale par son *contenu*. Car elle est « esthétique ». Elle n'a rien à voir avec le christianisme, ni non plus avec Schopenhauer, pour qui l'art est à mi-chemin de la solution du problème de l'existence, que seule la morale (but de la philosophie) peut résoudre (par l'ascétisme). Nietzsche, qui verra dans la sagesse le dépassement de la morale, condamne alors Schopenhauer comme un nihiliste.

Une telle solution esthétique est la répétition dans soi-même de la vision tragique du monde, d'abord proposée par les Grecs. Le sens vrai de la tragédie n'est pas du tout ce qu'y voit Schopenhauer. Si, dans *La naissance de la tragédie*, Nietzsche, timidement, ne citait Schopenhauer que pour en faire l'éloge et soutenir son propos, en 1886 il cite ses lignes sur le sens du tragique : la tragédie y est présentée comme voulant, par l'exposition des malheurs du destin, manifester que le monde et la vie ne peuvent nous satisfaire, et elle nous incite donc à nous en détourner. C'est là, pour elle, susciter la résignation, alors que, pour Nietzsche, la tragédie en sa cime accompagne la fleur de l'exubérance, de la vitalité, de la force des Grecs : la joie dionysiaque (pessimisme comme vision de la catastrophe de l'être, qui n'est en rien un signe de faiblesse, mais bien plutôt de force). Cette joie s'oppose à une vision sereine, optimiste, progressiste, du monde, signe de déclin d'une âme incapable de supporter le négatif des choses :

Socrate, la science, la morale. Ici, Nietzsche dépasse de beaucoup la thématique de *La naissance de la tragédie*. Mais il est certain que l'*a priori* qui est le sien dans cet ouvrage n'est aucunement celui de Schopenhauer.

Dans son texte de 1886, il déclare qu'il a voulu examiner en 1871 la science dans l'optique de l'art, et l'art dans celle de la vie ; et, semblablement, la morale. Il est bien vrai que *La naissance de la tragédie* envisage la science, en tant que détermination de l'esprit socratique, à partir de l'art, comme une abstraction opérée au sein de la puissance génératrice de celui-ci (rejet du dionysiaque), et que l'art lui-même est la manifestation de la vie en tant que processus de construction et de destruction (fini et infini, jour et nuit[1]), et une manifestation qui, en son achèvement, justifie et sauve la vie elle-même. À travers ces thèmes, Nietzsche s'oppose à Schopenhauer, qui regarde l'art comme ce par quoi la connaissance, l'entendement, exprime sa libération d'avec la vie (en tant que vouloir-vivre égoïste), comme la saisie même des Idées

Le texte de 1886 affirme donc l'originalité des thèmes de *La naissance de la tragédie*, et il est vrai que l'*a priori* nietzschéen y est original, en particulier vis-à-vis de celui de Schopenhauer : une vision esthétique-joyeuse s'oppose à toute vision éthique-résignée, comme le « oui » à la vie s'oppose au « non » à la vie. Mais, à cette époque, Nietzsche

---

1. *Cf.* le thème hégélien de la vie.

déplore la contradiction entre le contenu et la forme
de son ouvrage : celui-ci véhicule une expression
non artiste de l'affirmation que l'existence sauvée
est celle de l'artiste (la dialectique y occupe la place
du chant, on a là l'expression encore socratique
d'une âme mystique).

LE PROJET NIETZSCHÉEN À L'ÉPOQUE
DE *LA NAISSANCE DE LA TRAGÉDIE*

Il y a un paradoxe apparent : *La naissance de
la tragédie* est une œuvre historique, alors que les
Considérations intempestives, contemporaines
d'elle, s'en prennent fondamentalement à l'histoire.

Apparent seulement, car l'œuvre en question
n'est pas vraiment une œuvre d'histoire. Sa
première partie (jusqu'au § 16) expose un « exemple
historique », tandis que la deuxième (à partir du
§ 16) exprime l'espoir en une « renaissance de la
tragédie », en l'arrivée d'un « Socrate musicien. »
(§ 17). L'ouvrage utilise l'histoire pour résoudre
dans un avenir proche la crise du présent, à savoir
l'inexistence d'une *culture*, et d'une culture *tragique*.

D'où le problème : pourquoi Nietzsche n'a-
t-il pas alors intitulé son livre : *La renaissance de
la tragédie* », puisque telle était sa préoccupation ?
Une réponse est que, à l'époque, l'histoire n'est pas,
pour lui, simple répétition et retour (ambiguïté de
sa première conception de l'histoire et du devenir);
qu'il y a une irréductibilité du présent et de l'avenir.

Les deux dernières *Considérations intempestives*, qui apportent le remède à la maladie dénoncée dans les deux premières (l'absence de culture, en raison de l'abus du sens historique), soulignent la novation incarnée dans Schopenhauer et Wagner[1]. Il faudra s'interroger sur cette première conception de l'histoire et du devenir chez Nietzsche, qui subordonne l'histoire à la vie, le devenir à l'être, lequel est le présent de la résolution. On sait que Schopenhauer réduisait l'être au seul présent[2]. Si Nietzsche s'oppose à son temps, c'est que celui-ci se nie lui-même en sa réalité de présent, c'est que son esprit n'est pas présent à lui-même (la devise de l'époque est bien : « *Fiat veritas, pereat vita* »[3]).

Il s'agit d'étudier *la crise ou la maladie du présent,* et *le remède, la rédemption.*

LA CRISE DU PRÉSENT

Elle est un *fait*, affirmé dans *La naissance de la tragédie* et dans tous les textes contemporains, et elle se manifeste dans le scientisme optimiste,

1. *Cf.* aussi *Das Philosophen-Buch – PB –, Le livre du philosophe,* trad. fr. A. Kremer-Marietti, Paris, Aubier-Flammarion, 1969, p. 225.

2. Voir, par exemple, *Le monde comme volonté et comme représentation (Die Welt als Wille und Vorstellung) – MVR –,* IV, trad. A. Burdeau, réed. R. Roos, Paris, P.U.F., 1966, p. 354.

3. *Considérations inactuelles (Unzeitgemässe Betrachtungen) – CI –* II, trad. G. Blanquis, Paris, Aubier-Montaigne, 1964, p. 253.

lié à l'abus du sens historique, symptomatique
de l'absence d'une culture, et d'une culture vraie,
c'est-à-dire tragique. Cet abus du sens historique
détruit la vie comme unité, dans l'être vivant,
de la forme et du contenu, de l'extérieur et de
l'intérieur. Par son contenu, l'histoire (souvenir :
Erinnerung, intériorisation) est un repliement
sur soi, sur l'intériorité (*Verinnerlichung*), car la
pensée est par essence passéiste, ne correspondant
pas à l'extériorité, à la mondanéité présente. Il en
résulte une rupture de la personnalité. – Cet abus
du sens historique détruit la vie, dans le *tout* de
l'être (*cf.* l'affirmation par Schopenhauer de l'unité
du vouloir), comme unité de l'universalité et de
la particularité (du peuple et de l'individu). Par
sa *forme*, l'histoire illustre et révèle le sens de la
démarche scientifique : la science, en tant que retrait
de la vie, de la présence, traite son objet comme un
être passé, mort, disséquable à volonté, elle développe
l'esprit d'analyse et de spécialisation. On peut parler
de l'« usine » de la science, où règne la division du
travail [1], et où la production remplace la création.

En Allemagne, la culture, cette « unité de style
artistique de toutes les manifestations vivantes
d'un peuple » [2], a alors entièrement disparu. On y
découvre un « mélange chaotique des styles » [3] : si
le philistin croit à une culture allemande, c'est en

1. *CI*, II, p. 317.
2. *Ibid.*, p. 24.
3. *Ibid.*, p. 25.

raison de sa propre répétition, d'une uniformité de
la non-culture. L'amateur d'art, l'homme du musée,
y étale son dilettantisme [1]. L'homme moderne n'est
qu'une « encyclopédie ambulante ». Hegel est
parodié ainsi sur ce thème de l'unité de l'intérieur
et de l'extérieur. On se désintéresse de l'extérieur,
de la forme, qualifiée de conventionnelle, mais,
en négligeant la forme, on tolère précisément une
forme négligée, le plus souvent empruntée. Or, si le
repli sur l'intériorité (non acquise par soi-même, car
n'étant pas l'intériorisation d'un agir, mais prise à
d'autres, au passé) est la destruction d'une extériorité
propre, il compromet aussi l'intériorité elle-même,
parce que c'est l'action qui unifie, que l'intériorité
qui ne s'extériorise pas, n'agit pas, est extérieure en
elle-même à elle-même [2]. D'où un affaiblissement
de la personnalité.

Bref, l'inculture (barbare) est une scission,
destructrice de la vie, entre le fond et la forme,
un fond qui, inactif, est pur savoir, une forme qui,
formelle, est une caricature de la « configuration »
véritable. Il faut donc réinsérer la culture dans la vie,
comme le germe de celle-ci. D'abord, il faut détruire
la pseudo-culture violemment, employer pour ce
faire le « marteau de la nécessité » [3]. Cette négation
de l'inculture comme caricature, contrefaçon,
artifice, sait à quels obstacles elle va se heurter. Dans

1. *CI,* IV, p. 219.
2. *CI,* II, p. 263, 271 *sq.*
3. *Ibid.,* p. 267.

la troisième *Considération intempestive*, Nietzsche
en énumère quatre : l'égoïsme du négoce, l'égoïsme
de l'État, l'égoïsme du dilettantisme (formaliste)
et l'égoïsme du savoir[1]. Ainsi, la restauration de la
culture est un combat contre l'égoïsme, lequel n'est
pas identifié au vouloir, comme chez Schopenhauer,
qui dénonce bien aussi la comédie de l'existence
actuelle, mais dont la solution n'est pas celle de
Nietzsche.

LE SALUT OU LE REMÈDE

Il exige d'abord que l'homme moderne devienne
mécontent de lui-même, et, pour cela, cesse de
s'oublier lui-même : La culture est l'enfant de la
connaissance de soi que prend chaque individu, et
de l'insatisfaction de lui-même[2]. Nietzsche fait alors
l'éloge de l'oracle delphique : il se dit infiniment
proche de Socrate, ce pourquoi d'ailleurs il le combat
en lui reprochant d'avoir interprété faussement cet
oracle. En tout cas, le sage ne doit parler que de
l'homme.

Cette exigence nietzschéenne combat la
satisfaction de soi, l'euphorisme moderne, donc,
entre autres, le hégélianisme comme rationalisation
du « *memento mori* » chrétien, pensée de vieillards
se croyant le but, l'achèvement de tout le devenir
de l'être. D'où l'appel lancé à la jeunesse, aux

1. *CI*, III, p. 111.
2. *CI*, III, p. 96.

« opérants ». Tout cela a préparé l'homme, l'homme actuel. Et la célébration du caractère apologétique de toute la culture et du savoir présent.

Le mécontentement de soi à mettre en œuvre est celui de ne pas être soi-même, c'est-à-dire un homme, mais un simple « agrégat comme apparence d'homme »[1]. Il faut détruire l'artifice et revenir à la nature, à la vie, à la spontanéité ; ainsi que Wagner y invite aussi. Schopenhauer a eu raison également de rappeler le finalisme de cette nature : elle veut se libérer d'elle-même, se sauver en prenant conscience d'elle-même dans le saint, l'artiste et le philosophe[2]. Cependant, la nature est une mère inexpérimentée, qui s'efforce souvent en vain. C'est pourquoi la culture doit la compléter, l'achever, telle une seconde nature[3]. C'est bien par l'art véritable qu'elle s'accomplira en s'arrachant à l'artifice. Mais c'est encore l'atelier de la nature qui initie le mieux à l'art lui-même[4]. La culture – qui, redisons-le, se réalise dans l'art, non dans la science – est une unification accrue de la nature, totalement positive et positivante : Nietzsche est bien l'anti-Hegel.

Nature unifiée, mais unification naturelle, la culture rejette l'unilatéralité des deux principes modernes de l'éducation : faire un spécialiste et faire un « honnête homme ». C'est l'originalité de

1. *CI,* I, p. 386.
2. *CI,* III, p. 93.
3. *Ibid.*, p. 129 *sq.*
4. *CI,* II, p. 375.

chacun qu'il faut développer, ainsi qu'elle l'a été
chez Schopenhauer. Une civilisation doit contribuer
à faire que chaque homme soit lui-même, dans
une unification de soi, donc domptant les instincts
conservés, dans une simplification positive de soi.
Le problème actuel est bien, plus généralement,
de simplifier ainsi l'univers. Wagner se fait très
justement un anti-Alexandre, lequel Alexandre,
dénouant le nœud gordien, en laissa flotter les bouts
à tous les vents [1].

Une telle unification ne doit pas être abstraite,
c'est-à-dire séparante, et c'est pourquoi elle ne
saurait être, comme culturelle, ni simplement
politique, ni simplement morale. Qu'elle ne soit
pas politique, c'est dit partout. Par exemple, la
troisième *Considération intempestive* déclare
que tout philosophe qui croit pouvoir résoudre le
problème de l'existence par le recours à la politique
est un pseudo-philosophe [2]; l'État est un obstacle
à la culture, et Nietzsche critique sévèrement le
fonctionnariat des professeurs de philosophie; la
véritable unité allemande est seulement celle de
l'esprit allemand. Le *Livre du philosophe* rattache
l'échec de la réforme culturelle en Grèce à la
victoire sur les Perses. – L'unification culturelle ne
doit rien non plus à la morale : Nietzsche refuse
l'individualisme de celle-ci, milieu inadéquat du

1. *CI,* IV, p. 197.
2. *CI,* III, p. 63.

salut, et son normativisme abstrait, aux antipodes de l'idée tragique, culmination de l'art.

L'art seul est rédempteur et peut guérir la maladie de l'époque : « Seul l'art peut nous sauver »[1]. L'art, opposé à l'histoire, peut sauver de celle-ci. On ne peut imaginer un stade de l'humanité où elle aurait pu se passer de l'artiste. Une telle absolutisation de la valeur salvatrice de l'art différencie Nietzsche de Schopenhauer. Pour Schopenhauer, l'art, contemplation des Idées, libère du vouloir, c'est-à-dire du mal, mais la délivrance artistique est partielle, insuffisante, fictive. L'art est un sommeil qui régénère le vouloir, il n'est pas un calmant qui l'annihile en faisant saisir en même temps le néant du monde, des phénomènes, purement illusoires. S'il libère de ces phénomènes en objectivant la vérité – les déterminations typiques – du vouloir, il ne libère pas de celle-ci de façon réelle et totale, donc vraie. Pour Nietzsche aussi, la volonté est souffrance et contradiction (la sagesse de Silène le sait), mais il ne s'agit pas de la calmer, de l'annihiler, il faut bien plutôt l'affirmer en sa contradiction et sa souffrance elle-même, c'est-à-dire en son phénomène luimême, et tel est le rôle de l'art.

---

1. Cf., *PB*, p. 150.

CHAPITRE VI

LA PENSÉE DE L'HISTOIRE
DANS LES PREMIÈRES ŒUVRES
DE NIETZSCHE

Le jeune Nietzsche se livre à une critique sévère de la science historique – où s'accomplit l'esprit scientifique –, de l'« *Historie* ».

La deuxième *Considération intempestive* oppose l'histoire à la vie, dans la scission anti-culturelle de l'extérieur et de l'intérieur. Quant au *Livre du philosophe*, il oppose l'esprit historisant à l'esprit grec : « En leur totalité, les grands Grecs de l'époque de la tragédie n'ont rien en eux de l'historien »[1]. L'esprit historique nivelle le passé : tout passé a le même être, la même valeur, parce qu'il est également connaissable, ce qui produit l'histoire iconique. Tandis que l'histoire, si elle remplit sa destination, qui est de contribuer à élever la vie, ne doit s'intéresser qu'à ce qui est grand, mais ce qui est tel, c'est l'« éternellement vivant », c'est-à-dire ce qui n'appartient pas vraiment au passé, ce

1. Nietzsche, *PB*, p. 90.

qui est typique et qui, donc, n'apparaît qu'au regard esthétique : cela rappelle Schopenhauer, pour qui l'artiste est celui qui saisit les Idées, les essences typiques.

Ainsi, l'histoire n'est justifiée qu'en tant qu'elle est le moins historisante ; des trois formes d'histoire, d'après la deuxième *Considération intempestive*, l'histoire traditionaliste, à l'esprit d'antiquaire, c'est-à-dire l'histoire la plus historisante, est celle pour laquelle Nietzsche est le moins sévère. En tant que purement historisante, elle est la négation de la culture, celle-ci faisant seule, pour Nietzsche, la valeur de l'existence humaine. L'instinct historisant enlève à l'instinct de la culture sa plus grande force ; il est, en effet, pure luxuriance, et il n'élève donc pas, il gêne bien plutôt, la maîtrise de soi.

Une telle critique de la science historique (« *Historie* ») se fonde sur une relativisation, une dépréciation de l'histoire comme fait (« *Geschichte* »), du devenir. Nietzsche est l'adversaire de la philosophie de l'histoire, dont il critique tous les thèmes.

La critique du thème de l'unité de l'histoire

La philosophie de l'histoire postule qu'il y a *une* histoire, *un* devenir, et, plus précisément, que

– l'histoire est le devenir d'une unité (*l*'humanité), et que

– l'histoire est un devenir *un* (le destin est une destinée, une providence, un sens de l'histoire, et non pas un hasard).

Nietzsche critique l'idée de l'humanité comme totalité historique

L'humanité comme être est une abstraction. Or la philosophie de l'histoire envisage un but de l'humanité : en réalité, pour Nietzsche, l'humanité « n'est pas un tout comme l'est une fourmilière »[1] ; elle est tout au plus : cité, peuple. Il y a eu des cités : la Grèce n'a connu que la cité et la culture des cités (déchirement politique, la domination athénienne est une simple extension de la culture de la cité), « *Stadtkultur* », non « *Volkskultur* ». Nietzsche souligne, d'ailleurs, que « nous vivons encore dans la *Stadtkultur*, la seule qui ait fait ses preuves jusqu'à maintenant »[2] ; si la question du jeune Hegel était celle d'une *Volksreligion*, celle du jeune Nietzsche est celle d'une *Volkskultur*. Certes, il n'est pas nationaliste, mais l'humanité, pour lui, est un idéal culturel à promouvoir, non une réalité qui serait le sujet de l'histoire.

1. *PB*, p. 125.
2. *Ibid.*, p. 242.

Critique nietzschéenne
de l'unité du devenir historique

Cette unité constitue un tel devenir comme *sens*. Or, pour Nietzsche, il n'est pas possible de parler du sens, comme *destin*, de l'histoire d'un *peuple*. Au niveau de l'individu, il est possible d'envisager le destin comme sens, comme intentionnalité, du devenir, car l'individu, réfléchissant sur lui, ordonne sa vie et tire la leçon de tout événement (l'individu est effectivement). Mais il n'en va pas de même pour un peuple : le peuple est en effet une totalité qui ne peut réfléchir sur elle pour organiser sa vie selon les enseignements des événements ; il est une totalité qui ne peut totaliser son existence, car cette totalité n'est pas un sujet réflexif réel : en opposant Nietzsche à Hegel, on dira que pour lui il y a tout au plus une « âme » du peuple, non un « esprit » du peuple. Nietzsche a toujours tendance à considérer l'*unité* comme un problème, comme une *idéalité*, non pas comme une *réalité* donnée originaire.

L'affirmation qu'il y a *un* destin des peuples s'exprime nécessairement comme position de l'*évolution* : l'unité du devenir est possible si le devenant se tire de lui-même, se déploie, évolue ; il y a une origine endogène du devenir, qui utilise l'extériorité : le hasard, la contingence sont des moyens du destin (comme destination, prédestination), sa « ruse ». Nietzsche pense tout autrement : le hasard, « la fortune » sont maîtres du destin (toujours, la pluralité l'est de l'unité). Ainsi, le changement de la Grèce ne fut pas naturel : elle offre l'exemple d'un peuple en pleine floraison, brutalement emporté par la bourrasque [1].

Certes, il y a bien une *vocation*, laquelle est un appel plus qu'un don chez un peuple, mais celui-ci ne peut réaliser cette vocation que si des accidents ne surviennent pas : les Grecs n'ont pas réalisé tout ce qu'il pouvaient, après les guerres médiques. Eschyle vint déjà trop tard, et ce fut là le tragique de l'histoire grecque [2]. – De même, pour qu'il y ait un génie, les dispositions, fréquentes, ne sont pas suffisantes, mais il faut – chose très rare – une conjonction de toutes les circonstances les plus favorables. L'idée nietzschéenne, plus présupposée qu'affirmée, est que l'histoire, comme hasard (« *Glück* »), est un « *Unglück* », un malheur, un mal. Le tragique consiste à comprendre le monde à partir de la souffrance (*cf.* Schopenhauer); la souffrance est bien la dimension capitale et constante de la vie.

Il y a un pessimisme chez Nietzsche, mais il exalte alors le vouloir : il sera dit plus tard procéder d'un vouloir surabondant, qui s'exalte par la souffrance. La décadence est réelle : chez les Grecs, une forme plus ancienne est la meilleure, par exemple la tragédie. Le grand malheur de la culture est l'échec de la réforme grecque (c'est le leitmotiv de la fin du *Livre du philosophe*). L'histoire, bien

1. *PB*, p. 238.
2. *Ibid.*, p. 240.

loin d'être divine, est démoniaque – Nietzsche considère les guerres médiques comme le « *daemon ex machina* » de l'histoire grecque. À propos du développement historique du christianisme, il écrit que « c'est le diable qui est le régent du monde »[1]. Aussi, la morale (au sens large du terme) est-elle une condamnation de l'histoire : « L'histoire devient bien un *compendium* de la non-morale effective »[2]. Raphaël mort à trente-cinq ans, c'est une offense à la morale. Le « cela ne devrait pas être ainsi » juge et condamne le « *es ist so* » (hégélien).

Une telle absence de sens de l'histoire, qui n'a rien d'un progrès, c'est-à-dire ne favorise pas le développement naturel des hommes, se montre aussi en ce que l'histoire est le lieu des mouvements brisés, des allers et retours : affirmation de la possibilité de remonter le cours du passé dans le présent (de l'alexandrinisme à l'époque tragique) dans *La naissance de la tragédie*[3]. Il n'y a donc pas de nécessité historique, au sens où l'entend la philosophie de l'histoire : un être ne se réduit aucunement à son devenir (cela, contre Hegel, pour qui être, c'est être devenu). Il faut célébrer le rôle de la liberté dans la révolution présente.

---

1. *CI*, II, p. 360.
2. *Ibid.*, p. 336.
3. *Ibid.*, p. 328.

CRITIQUE DU THÈME DE LA DÉTERMINATION
OU NÉCESSITÉ HISTORIQUE

Une signification humaine n'est pas enchaînée à son site historique : il y a une répétabilité du contenu de l'histoire. Mais dire que l'histoire peut se répéter, ce n'est pas réintroduire l'identité ou l'unité de l'histoire comme processus : répétition dans la différence, celle-ci exprimant la liberté comme pouvoir intempestif, héroïsme anti-historique. Cet héroïsme du vouloir étant la seule chose qui confère une valeur à l'histoire, celle-ci est essentiellement l'histoire des *génies*, des grands hommes, contrairement au discours des philosophies modernes de l'histoire, qui la font procéder des *masses*.

La répétabilité historique

Nietzsche affirme à plusieurs reprises qu'il ne se passe pas grand chose dans l'histoire. Il déclare ainsi, quant à l'histoire de la philosophie, que « l'histoire universelle est des plus courtes lorsqu'on la mesure d'après les connaissances philosophiques importantes »[1], et, plus généralement, que « l'histoire du développement de la culture depuis les Grecs est assez courte, si l'on considère le chemin effectivement parcouru et ne tient pas compte du

1. *PB*, p. 95.

tout des arrêts, des reculs, des temporisations, des reptations » [1].

À vrai dire, les Grecs – dont il est question à chaque fois que Nietzsche souligne le néant évolutif de l'histoire – ont déjà apporté l'essentiel :

> Nous voyons [...] chez les Grecs une vivacité et une force créatrice comme nulle part ailleurs : ils remplissent l'époque la plus grande, ils ont réellement produit tous les types [2].

Les Grecs sont l'*exemple*, qui stimule ceux qui ont le sens et la volonté de ce qui est grand, de telle sorte que si nous ne les avions pas, « notre foi [en une instauration de la culture] serait chimérique » [3].

L'affirmation de l'exemplarité du passé – liée à l'idéal pratique de Nietzsche – qui motive sans doute l'affirmation, théorétique, de sa répétabilité, constitue le principe même de l'histoire comme histoire *monumentale*. L'image – telle que la propose l'histoire monumentale – du passé qui a embelli et grandi la notion de l'homme maintient la possibilité d'une semblable illustration dans le présent. Cette histoire monumentale manifeste « que la grandeur qui a existé une fois était en tout cas possible, et, pour cette raison, sera bien encore possible une nouvelle fois » [4]. Une telle répétabilité de l'histoire constitue celle-ci comme un lieu des grands moments qui ont

1. *CI*, III, p. 194.
2. *PB*, p. 94.
3. *Ibid.*, p. 55.
4. *CI*, II, p. 228.

surgi et surgiront en elle. Ainsi comprise, l'histoire est une « course au flambeau... par laquelle seulement la grandeur continue de vivre »[1]. Or l'histoire monumentale en vient à affirmer l'identité absolue du passé et du présent[2].

Cependant, Nietzsche n'adhère pas absolument à l'affirmation de l'histoire monumentale ; il ne se pose pas du tout comme un « esprit supra-historique » (sage et dégoûté). L'histoire monumentale n'a de valeur que si elle est posée comme réserve d'*exemples*, c'est-à-dire comme incitation à l'action (contre la résignation et le dégoût), si, donc, elle est au service de la *vie* et ne s'absolutiste pas comme simple savoir destructeur de l'agir (par la dévalorisation du présent, la grandeur étant déjà là dans le passé). C'est pourquoi l'histoire monumentale est dangereuse chez le connaisseur sans puissance créatrice. Il faut l'utiliser dans une perspective non historique, pour libérer l'agir présent en le persuadant de sa possibilité : le passé montre l'excès de l'agir sur les circonstances données, donc que le *présent* n'est pas enchaîné à son passé ni condamné à l'attente patiente de l'avenir (il n'est ni conditionné ni conditionnant)[3].

L'homme supra-historique a raison de dénoncer la croyance en l'évolution, et d'affirmer que le

1. *Ibid.*, p. 226.
2. *Ibid.*, p. 216.
3. *Cf.* l'impatience de Nietzsche, son éloge de la rapidité de l'histoire grecque, *PB*, p. 232.

monde est accompli et atteint son but à chaque instant, mais il a tort – en séparant la contemplation de l'action, et en étant par là infidèle aux Grecs qu'il magnifie – d'en tirer la négation du présent au lieu d'affirmer par là une libération de ce présent.

Ce que Nietzsche demande à la thèse de la répétabilité du passé, c'est la justification théorique de la libération pratique de la vie présente : le devenir est inessentiel, l'être (présent) ne se réduit pas à son être-devenu, et le passé montre précisément cette transcendance de l'être présent – comme vouloir, résolution (« *Ent*-schlossenheit »), toute résolution étant solution, de continuité, par rapport à ses conditions passées. – Mais, alors, ce qui est répétable, c'est ce qui fait échapper à la répétition et s'exprime comme novation (liberté comme excluant la réalité – le premier Nietzsche n'a pas encore concilié liberté et nécessité dans la doctrine du retour éternel).

La répétabilité de la novation, de la non-répétition

Nietzsche s'oppose à l'absolutisation de l'histoire monumentale en rappelant les exigences, légitimes elles aussi en leur limitation, de l'*histoire traditionaliste* et de l'*histoire critique*.

Il exalte la fidélité au passé comme expression de son originalité, de sa non-répétition dans le présent. Certes, il refuse la théorie de l'évolution, qui perdrait tout sens s'il y avait une infinité du passé et une infinité de l'avenir, c'est-à-dire si le cours du monde était un tonneau des Danaïdes, à savoir le lieu de l'infinie répétition. Mais, à l'époque, Nietzsche ne semble pas reprendre explicitement à son compte ce thème de l'affirmation liée de l'infinité et de la répétition du temps (constitutif de la théorie ultérieure du retour éternel). Il semble même faire en partie sienne, comme condition de la vie et de l'agir même, la foi en une non-répétition du temps, en une évolution qui permettrait à l'homme de progresser sans s'arrêter[1].

Toujours est-il que Nietzsche reproche à l'histoire monumentale, absolutisée, de faire violence à l'irréductibilité du passé. Pour donner le passé comme exemplaire, monumental, cette histoire efface la différence, égalise le non-identique, c'est-à-dire fait abstraction de ce qui empêche de s'en tenir à l'identité de *sens* (*forme*) de figures historiques, à savoir que celles-ci, en leur *contenu matériel*, ont une originalité venant du *contexte causal* dont elles sont les effets. C'est ainsi que l'histoire monumentale enlève les effets à leurs causes et présente dès lors « une collection des *effets en soi* »[2]. Mutilant le passé à l'aide d'analyses trompeuses, elle n'est pas vraie :

---

1. Cf., *CI*, II, p. 219.
2. *Ibid.*

> Ce n'est pas le *connexus* véritablement historique
> des causes et des effets qui, totalement connu,
> prouverait seulement que jamais quelque chose
> d'absolument semblable ne surgira à nouveau du
> jeu de dés de l'avenir et du hasard[1].

D'où la critique de l'hypothèse pythagoricienne
selon laquelle le retour de la même constellation
céleste amènerait la répétition des événements
terrestres. Bref, Nietzsche est encore très loin
de la doctrine du retour éternel. Assurément, on
pourra dire qu'il ne fait qu'utiliser polémiquement
ici le principe de la causalité historique utilisé par
l'histoire traditionaliste (originalité de chaque effet
historique, lié à des causes chaque fois différentes)
pour relativiser l'histoire monumentale, sans
reprendre à son compte la négation de la thèse
pythagoricienne de la répétition, mais il faut bien
constater qu'il ne reprend pas non plus à son compte
cette thèse. En tout cas, celle-ci ne vaut pas pour
l'intervalle qui l'intéresse et dont les bornes sont
pour lui non identiques.

Le présent rénové n'est pas la répétition de la
culture grecque. Les Grecs n'ont pas découvert
toutes les possibilités (et ils ont recouvert certaines
possibilités qu'ils avaient découvertes). Il faut donc
faire mieux que les Grecs, et déjà Wagner a fait
mieux : il a découvert *l'*art lui-même. Les Grecs,
de même, n'ont pas eu la chance de produire un

1. *CI*, II, p. 230.

Schopenhauer. Le salut ne peut donc être un retour pur et simple aux Grecs, mais il consistera dans la réunion des Grecs avec Schopenhauer et Wagner[1]. C'est cette conjonction qui permettra d'éviter la tentation socratique-aristotélicienne-alexandrine (dissémination du savoir). Ainsi, Nietzsche fait-il droit aussi à l'exigence de la troisième forme d'histoire, celles qui critique et juge le passé, et dont la justification consiste dans la volonté de vivre : tout passé mérite d'être condamné.

Il convient de faire observer que Nietzsche ne dissimule aucunement les *dangers* d'une telle condamnation du passé, ce qui requiert de préciser le *sens* de la novation historique qu'il oppose à la répétition identique du contenu temporel. Si la condamnation du passé est dangereuse, c'est, en effet, parce que le temps n'est pas une succession d'instants absolument indifférents les uns aux autres ; s'il n'y a pas identité, il n'y a pas non plus différence absolue. Ce qui signifie que nous procédons aussi du passé que nous condamnons, que nous « sommes le fruit des générations passées »[2]. Ainsi, le conflit que nous suscitons entre nous et le passé est un conflit à l'intérieur de nous-mêmes, entre notre nature héritée et celle que nous voulons nous donner, comme deuxième nature, comme l'instinct. Une telle situation est dangereuse, car la deuxième nature, généralement plus faible que la première, est

1. Cf., *PB*, p. 225.
2. *CI*, II, p. 249.

difficile à instaurer. Aussi, l'individu est-il alors en suspens dans un vide d'action : « on se contente trop souvent de connaître le bien sans le faire, parce que l'on connaît aussi le mieux, sans pouvoir le faire »[1]. Nietzsche souligne ici la difficulté de nier le passé, c'est-à-dire de poser un présent novateur. Mais cette difficulté de nier le passé, c'est-à-dire de poser un présent novateur, n'est pas une impossibilité, car il faut se dire (à l'encontre de la résignation) que la première nature a d'abord été une deuxième nature, et que chaque deuxième nature, victorieuse, deviendra une première nature.

Il apparaît ainsi que, pour Nietzsche, présent et passé, novation et tradition sont dans un lien non unilatéral, complexe, d'identité et de différence, de nécessité et de liberté. – Il n'y a pas d'effet sans cause : Nietzsche a toujours pris en considération l'affirmation de la science (*cf.* ultérieurement son essai de justifier scientifiquement le retour éternel). On ne peut donc faire comme s'il n'y avait pas de passé : d'où la critique de Socrate et de sa « virtuosité » (la tentation grecque), comme refus de toute tradition et volonté de s'engendrer soi-même totalement[2]. Mais, si le lien des causes et des effets est affirmé par Nietzsche, celui-ci affirme tout autant comme cause la négation des causes par le vouloir. La novation est en même temps liée au passé par la négation qu'elle opère de lui-même ; il n'y a donc

1. *CI*, II, p. 251.
2. Cf., *PB*, p. 226.

pas là de virtuosité, mais de l'héroïsme (à l'époque, pour Nietzsche, l'exemplarité n'est pas lié au *jeu*, l'homme s'y affirme héroïquement dans et contre le jeu du hasard). Le rapport présent-passé est celui de A – non-A ; non-A est bien relatif à A, mais ce qui est nié de A (et qui ne peut être la totalité de A – *cf.* Hegel) dépend du projet du vouloir, il y a là une sélection, un *choix*, un art, de toute créativité et génialité. La novation n'est donc pas indifférence au temps dans lequel elle surgit, mais elle est négation libre de ce temps, elle est intempestivité. C'est pourquoi les grands moments de l'histoire sont ceux qui expriment l'affirmation de la liberté dans et contre la nécessité.

L'histoire des génies

Nietzsche condamne toute conception de l'histoire qui privilégie la nécessité, le déterminisme, c'est-à-dire l'élément même où peuvent exister des *lois*, les masses universelles, dont la manifestation essentielle est la politique. Ce qui signifie la condamnation du hégélianisme et de sa postérité socialiste.

L'histoire politique n'est pas l'histoire de l'humanité en son être essentiel, c'est-à-dire l'histoire de la culture. Qu'on songe à la thèse de la première *Considération intempestive* sur le grave danger que la victoire de 1870 fait peser sur la rénovation de la culture allemande [1]. Rappel de

---

1. *CI*, I, p. 16.

l'échec grec : les guerres médiques, qui ont libéré tous les mauvais instincts des Grecs victorieux, ont été une « malchance nationale »[1]. Il faut dénoncer l'État, qui n'est pas (comme chez Hegel) l'éducateur, mais l'obstacle à l'éducation vraie ; le monde de la culture n'est pas seulement indépendant de l'État, mais aussi toujours menacé par lui ; et une philosophie est beaucoup plus importante que la conservation d'un État.

Or la politique est le champ de la manifestation des forces collectives, des masses. C'est pourquoi la critique nietzschéenne vise plus directement la postérité hégélienne, la philosophie marxiste de l'histoire, que Hegel lui-même (qui salue les grands acteurs politiques de l'histoire). L'histoire écrite dans l'optique des masses pose comme lois (lois statistiques) les besoins des masses. Cependant, ces lois historiques, tirées de l'uniformité de tels besoins, ne valent rien[2]. D'ailleurs, cette histoire matérialiste collectiviste valorise, sous le nom de l'universel, simplement des rassemblements de particularismes égoïstes[3]. Pour Nietzsche, les masses ne méritent un regard que pour trois raisons :

– elles copient, de façon embrouillée, les grands hommes ;

– elles leur résistent ;

– elles sont aussi leurs instruments.

1. *PB*, p. 233 *sq.*
2. *CI*, II, p. 359.
3. *Ibid.*, p. 357.

Aussi, l'intérêt essentiel de l'histoire est-il l'existence des grands hommes, par rapport auxquels les masses sont de simples réactifs, bien loin que les grands hommes soient seulement l'expression la plus distinctive des impulsions des masses, de « simples bulles à la surface du flot »[1]. Le *Livre du philosophe* souligne bien que le peuple est le reflet du génie, lequel n'est aucunement un produit de la masse.

Le but de l'histoire est aussi la production des grands hommes, des génies (c'est un but culturel, tel que l'était l'homme schopenhauérien). Le mal de l'histoire est l'avortement des types humains les plus hauts[2]. Inversement, le moment capital du devenir, le « seul bond » que fasse la nature, c'est la production des « hommes véritables », c'est-à-dire des saints, des artistes, des philosophes[3]. C'est pourquoi l'unique tâche de l'humanité (nature reprise dans la culture), c'est de travailler sans cesse à produire des grands hommes[4], et le premier sacrement de la culture, c'est de s'attacher à un grand homme[5]. Nietzsche est l'anti-Aristote, car pour lui la valeur de la multitude ne dépasse pas celle d'un individu. Il y a là l'expression résolue d'une conception esthétique de la vie : que la culture,

1. *Ibid.*, p. 359.
2. Cf., *PB*, p. 236.
3. *Ibid.*, p. 89.
4. *Ibid.*, p. 95.
5. *Ibid.*, p. 99.

achèvement de la nature, fasse réussir la justification de celle-ci, qui ne peut être qu'artistique ! Les grands hommes sont l'œuvre d'art naturelle, l'artiste étant la nature à l'œuvre dans les hommes en lesquels elle *esquisse* son chef-d'œuvre). L'histoire doit être essentiellement la médiatrice entre les génies, afin de permettre le surgissement de ce qui est grand[1] ; les génies sont « le pont au-dessus du torrent désolé du devenir »[2].

On pourrait envisager ici une analogie entre Hegel et Nietzsche, le premier soulignant lui aussi l'action décisive des grands hommes. Mais, d'abord, comme il a été dit, le grand homme nietzschéen n'est pas le grand homme politique ; ce que Nietzsche attend, c'est l'antipode de celui-ci, c'est l'anti-Alexandre ! Puis, surtout, la signification du grand homme n'est pas du tout la même, quant à son rapport au temps : le grand homme hégélien accomplit son époque, sa liberté accomplit la nécessité, tandis que le génie selon Nietzsche va contre son temps, il est intempestif et veut nager contre les courants de l'histoire[3]. Les génies sont les « grands lutteurs contre l'histoire »[4]. Mais si le génie dit « non » à son temps, c'est parce qu'il dit « oui » à ce qui seul libère pleinement le présent, à savoir l'éternité comme négation du conditionnement intra-temporel : le « non » au

1. Cf., *CI*, II, p. 352.
2. *Ibid.*
3. *CI*, II, p. 338.
4. *Ibid.*

devenir, qui n'est pas, exprime un « oui » à l'être :
plus tard, le « oui » fondamental et originaire de
Nietzsche à l'être sera aussi un « oui » au devenir,
lui-même identifié à l'être dans le retour éternel du
même.

Le génie est vivant, supra-historique, dans et pour
la vie (cela, contre cette histoire supra-historique
qu'est l'histoire monumentale). Chaque grand
événement historique est né « dans une atmosphère
non historique » [1]. Dans le devenir de l'histoire,
« jeu de marionnettes trompeur » [2], où « tout est
creux, mensonger, plat et misérable », l'homme
véridique désireux de résoudre le problème de
l'existence (*cf.* Schopenhauer) ne peut se maintenir ;
il doit cesser d'être le jouet de ce devenir :
« L'homme ne peut résoudre l'énigme qui lui est
posée que dans la catégorie de l'être » [3]. Les génies
(art et religion) sont les forces supra-historiques
qui ramènent l'humanité à l'être, c'est-à-dire au
salut, à la guérison, contrairement aux savants qui
font « trembler les concepts », les plongent dans le
devenir, et enlèvent ainsi à l'homme « le fondement
de toute sa sécurité et de son repos, la croyance
en ce qui est persistant et éternel » [4]. Cet esprit
supra-historique est le « remède naturel » contre la
maladie de l'époque. Certes, c'est un remède dont

1. *CI*, II, p. 215.
2. *Ibid.*, p. 78.
3. *CI*, IV, p 81.
4. *CI*, II, p. 380.

l'homme pourra souffrir, mais de quoi ne peut-on pas souffrir[1] ?

Le génie lui-même souffre plus qu'un autre. Par ce sens de l'éternel dans et pour le présent, les génies constituent, par delà l'histoire, à laquelle seuls ils donnent une valeur, une « république des génies » dans laquelle ils sont – comme « hors du temps » – contemporains[2]. Tel est l'équivalent nietzschéen du règne des fins de la philosophie morale. Mais cette « absence » des génies à leur temps n'est pas leur isolement. Nietzsche lui-même est un solitaire non isolé, non égoïste, d'où le thème platonicien, d'ailleurs métaphoriquement inversé : le solitaire doit sortir de la caverne et y faire rentrer les autres, car tout y est plus vrai qu'à la (fausse) clarté du jour.

Nietzsche insiste sur le danger de la solitude imposée au génie : il doit, malgré lui, dissimuler, car il est impliqué dans l'existence sociale extérieure. Le génie a pour cette raison besoin d'affection, d'être entouré par une communauté de pensée et de certitude. D'où le désir ardent de Wagner : trouver un peuple, produire son peuple. Son « insolence frémissante » s'accompagne du « désir de revenir amoureusement sur la terre, de travailler au bonheur de la communauté »[3]. Mais, à cet amour surabondant, rien, d'abord et souvent, ne répond : ainsi pour Wagner ; existence d'une solitude douloureuse

---

1. *Cf.*, ici aussi, Schopenhauer.
2. *Cf.* Schopenhauer, selon Nietzsche lui-même.
3. *CI*, IV, p. 236.

acceptée, le génie ne dialogue plus qu'avec lui-même, et c'est alors que naissent les grands chefs-d'œuvre, tel *Tristan et Yseult*. Mais, alors, miracle : un peuple wagnérien se forme ; Wagner s'adresse à tous les hommes de l'avenir. Nietzsche s'émeut d'une telle conciliation, réconciliation, rédemption : n'y aurait-il pas là une confirmation cosmique de la psychologie du génie, de son amour de l'humanité ? En tout cas, c'est par la génialité culturelle (et spécialement artistique) que la Nature serait une telle « mère » accomplie pour l'humanité. L'art serait bien le salut de l'existence, face à l'histoire.

Chapitre VII

L'ART ET L'ÊTRE
D'APRÈS *LA NAISSANCE DE LA TRAGÉDIE*

L'art, accompli dans la tragédie, est à la fois :

– le miroir révélateur de l'être, car il montre la nécessité de la souffrance et en même temps le plaisir pris à celle-ci, or l'être est bien lui-même tel, donc tel que l'art, par là lui-même art,

– et le salut de l'être : l'être est art, pour se sauver lui-même de sa souffrance, aux trois niveaux : cosmique (la nature), physiologique (la nature en l'homme) et proprement artistique (l'homme humain)

On doit évoquer l'*Autocritique* de 1886, § 5 : l'art, non la morale, est l'activité proprement *métaphysique* de l'homme, qui *justifie* l'existence du monde, car l'être en lui-même est l'exposition d'un « Dieu artiste ». *La naissance de la tragédie* expose une « métaphysique d'artiste ».

La souffrance de l'être

C'est une souffrance essentielle, comme l'enseigne la sagesse silénienne : le bien suprême est de ne pas être, mais c'est là un bien inaccessible, et il y a un bien inaccessible, celui de ne plus être, de mourir. Les Grecs « sereins » connaissaient cette « terrible sagesse de Silène », exprimée dans le mythe des Titans. Une telle souffrance est originaire. C'est un leitmotiv de *La Naissance de la tragédie* :

§ 4 : « l'être vrai, l'Un originaire, en tant que ce qui est éternellement souffrant et contradictoire » ;

« l'éternelle douleur originaire, unique fondement du monde » ;

« l'éternelle contradiction, mère des choses »[1] ;

§ 7 : « le processus destructeur terrible de ce qu'on appelle l'histoire du monde, ... la cruauté de la nature »[2].

Le sens d'une telle souffrance s'offre dans la définition que Nietzsche propose, dans le § 10, de la conception pessimiste, vraie, du monde ; cette conception loge dans l'être *trois* moments :

– unité de tout ce qui existe

– « l'individuation en tant que racine originaire du mal », ou : « l'état d'individuation comme source et racine originaire de toute souffrance ».

---

1. *Naissance de la tragédie – NT –* trad. C. Heim, Genève, éd. Gonthier, 1964, p. 32 *sq.*

2. *Ibid.*, p. 51.

– la retotalisation de l'individu, « le troisième Dionysos ».

Il faut évoquer le mythe de Dionysos démembré par les Titans et souffrant de cette division dans les quatre éléments, et sa conséquence, le deuil de Démeter, qui espère pourtant pouvoir enfanter, une nouvelle fois, Dionysos.

Conceptuellement parlant : l'individu, le différencié, en s'affirmant, en vivant, affirme l'Un qui *se* différencie en lui, c'est-à-dire ce qui le nie comme différencié. Une telle contradiction interne de l'individu est sa souffrance, sa mort. Puisque, en réalité, l'individu se nie d'autant plus qu'il s'affirme, la « démesure » de son affirmation accroît son malheur. Or cette démesure est en quelque sorte inéluctable, car l'individu, détermination de l'être un, est – puisque celui-ci est volonté (*cf.* Schopenhauer) – vouloir déterminé, et le vouloir est « Ent-schliessung », dé-chaînement, dé-mesure titanesque. Si l'individu est vouloir, le caractère prométhéen du vouloir signifie son malheur nécessaire. Mais[1] Prométhée est Dionysos en tant que figuration mythique de l'être comme vouloir, énergie vitale. D'où le problème : la souffrance n'est pas seulement phénoménale, elle est essentielle, originaire. L'être en son essence originaire est souffrance. La « Passion » de Dionysos n'est pas seulement son démembrement.

---

1. *Ibid.*, § 9, p. 65.

C'est bien ce qu'affirment les textes. L'être un ne souffre pas seulement en tant que différencié phénoménalement en des individus ; il faut relativiser l'affirmation que l'individuation est la racine originaire de tout mal. L'Un originaire est lui-même contradiction interne, dans la mesure où il est vouloir (*cf.* Schopenhauer). Dans l'Essai d'auto-critique de 1886, Nietzsche écrira que le vouloir est, abstraction faite de sa manifestation, « la misère de l'abondance et de la surabondance », la « souffrance des opposés comprimés en lui » (§ 5). Nietzsche a bien toujours saisi le vouloir, en la négativité (« *Not* ») qui est la sienne, comme surplus, trop-plein, positivité excessive : vouloir, c'est surabonder, non pas manquer ; c'est en cela, redisons-le, que Nietzsche est antipodique de Schopenhauer, pour qui vouloir c'est bien manquer ; son pessimisme est celui de la surpuissance, non celui de l'impuissance. Dans *La naissance de la tragédie*, Nietzsche dit bien que la négativité du vouloir exprime son excès de positivité en lui-même ; il est à l'étroit dans lui-même : il y a une « fécondité surabondante de la volonté universelle » (§ A), qui ne peut se décharger, se libérer d'elle-même dans l'explosion, la déflagration, la conflagration de son être. En ce sens, le vouloir originaire est bien de la « dynamite », suivant un thème d'emblée présent chez Nietzsche.

Il apparaît ainsi que la souffrance ne réside pas seulement dans l'individuation ou différenciation de l'être, en son extension, mais aussi dans son unité seulement intensive. Disons que la souffrance est partout, à tous les niveaux de l'être comme vouloir et vitalité, parce que l'être est partout *contradiction*. L'Un originaire est la contradiction entre son énergie, sa puissance, infinie, et son être, fini. On le voit, cette souffrance ne vient pas de l'unité abstraite, prise en tant que telle, mais de ce que l'unité est l'unité d'un vouloir, d'un dynamisme ; il ne s'agit aucunement d'une contradiction logique, car les catégories logiques ne sont pas constitutives de l'essence de l'être, ainsi qu'il en va chez Hegel. – La décharge de l'intensif en l'extension, la génération d'un monde, l'individuation, est la contradiction de l'être un en tant que différencié, divisé. L'Un originaire, comme pure impulsion, ne se libère de sa souffrance qu'au prix d'une expulsion de soi de son contenu énergétique (image de l'enfantement, la nature est bien la « mère originaire » § 16). La négation de soi du négatif qu'est le dynamisme de l'Un originaire, c'est-à-dire la position du statique – pour cet Un – est la position de ce négatif qu'est la pluralité des êtres. Or, dans le vouloir qui devient procréateur, créateur, l'unité ne disparaît cependant pas ; elle est la contradiction d'être et de n'être pas.

Le riche contenu du vouloir un est ex-pulsé, ob-jecté, dans sa détente créatrice. L'unité de ce contenu est alors l'unité d'un objet, d'un *spectacle*. L'Un originaire n'est plus un vouloir (contradiction de son essence et de son existence). D'où la souffrance, pour l'Un, de ne pouvoir maintenir cette non-souffrance (ce non-vouloir) contradictoire de son essence. Le vouloir un s'affirme toujours, en profondeur. La richesse objectivée du vouloir originaire est une multiplicité de vouloirs. – Ceux-ci, comme tels, sont une répétition de la souffrance du vouloir un, et de sa dialectique. Ces vouloirs pleins de contradictions sont, par leur multiplicité et leur affirmation singulière, en contradiction avec le vouloir un agissant en profondeur et s'affirmant dans son unité universelle. Ce qui fait que les vouloirs individuels sont emportés et détruits. Il naît donc une souffrance de vouloir en chacun de ces vouloirs, souffrance dans la destruction du monde créé, engendré.

Bref, la souffrance est partout : l'être est originairement, c'est-à-dire de par son origine (la volonté), un être contradictoire. Mais la thématique de *La naissance de la tragédie* est insuffisamment déterminée au plan conceptuel (plan où, certes, Nietzsche n'entend pas se fixer), c'est-à-dire surdéterminée en ses directions de pensée (influences schopenhauérienne, hégélienne…). Ce qui entraîne des ambiguïtés ou des contradictions dans le propos nietzschéen.

Ainsi, d'une part, Nietzsche répète que l'extase dionysienne, qui libère de l'individuation, ouvre à l'individu la joie inépuisable de l'existence une sous-jacente aux phénomènes. L'unité avec l'Un originaire est la joie, alors que l'attachement à l'être singulier est la crainte de la mort. Ici, Nietzsche suit, en partie seulement, Schopenhauer, car, si, pour celui-ci, la crainte de la mort présente dans toute souffrance comme ce qui la radicalise, naît de l'attachement à l'individu à lui-même, alors que la volonté substantielle une est éternelle, la résignation libérant du malheur exige *aussi* la négation de cette volonté une, fondamentalement malheureuse. – D'autre part, Nietzsche répète que l'Un originaire est l'être souffrant qui doit se délivrer de lui-même. De telle façon qu'il y a, pour le moins, une ambiguïté de l'être originaire, à la fois souffrant et joyeux.

Nietzsche reprend le thème schopenhauérien de l'opposition de l'être-en-soi et du phénomène, de l'apparence : le multiple est apparence tandis que l'être en soi est un. – Cependant, la conception même de l'en-soi, du vouloir, chez Nietzsche, est telle qu'elle implique la négation d'une opposition « ontologique » de l'Un et du multiple. Chez Schopenhauer, le vouloir, en son en-soi, est totalement vouloir ; son objectivation dans et comme un monde est un simple détour pour parvenir à sa propre suppression (dans la cime ascétique de cette objectivation), car une telle réalisation du vouloir ne peut combler le manque, le non-être, qu'il est essentiellement, mais elle perpétue seulement la souffrance du non-être. La réalisation du vouloir n'est pas constitutive de lui-même, car en lui-même il est le refus de lui-même (comme manque, non-être), refus de se réaliser. Cette « réalisation », à savoir le phénomène, est donc irréalisation du vouloir ou de l'en-soi, c'est-à-dire une négativité ontologique.

Il en va différemment chez Nietzsche, car la différenciation de l'Un originaire est essentielle à cet Un. Vouloir, c'est vouloir quelque chose, vouloir que quelque chose soit. Le vouloir est, en effet, pour Nietzsche, adhésion à lui-même en l'excès d'être qui le caractérise, excès d'être qui vise à se décharger, à se satisfaire, et qui *peut* effectivement toujours se satisfaire puisque cette satisfaction ne dépend que de lui (et non pas, comme chez Schopenhauer, de l'apport d'un Autre, venant combler un manque). Puisque le vouloir est vouloir de soi, la réalisation du vouloir lui est essentielle comme vouloir de soi. Ce qui fait qu'il n'y a pas de différence ontologique entre le vouloir comme un et le vouloir comme multiplicité, entre le désir et la (pro-)création. Le vouloir, c'est le cycle de la tension et de la détente, que Nietzsche symbolise par Dionysos. L'affirmation de l'attachement à soi, de l'adhésion à soi, du vouloir implique la position de ce vouloir universel comme vouloir qui se complaît à lui-même, qui souffre et aime sa souffrance parce qu'elle est aussi en elle-même jouissance, joie essentielle.

LA JOIE DE LA CRÉATION ET DE LA RÉCRÉATION

Si l'être, le vouloir, est de part en part souffrance, il est aussi de part en part joie, car sa souffrance exprime seulement la contradiction constitutive de l'être comme advenir à plus d'être, comme accroissement d'être (être joyeux, c'est se sentir croître en être).

Cependant, la joie de ce devenir créateur de soi est la joie dans la souffrance (Dionysos est le « Lysien » qui a délié de soi, transformé la joie en souffrance, et la souffrance en joie (*cf.* l'ambiguïté, affirmée dans *La naissance de la tragédie*, de l'ivresse dionysiaque). D'où une nouvelle contradiction du vouloir, que celui-ci tend à contredire en se niant en tant que vouloir et en se posant par conséquent en tant que non-vouloir, non-devenir, comme pure contemplation et pur être, dans la récréation apollinienne (joie). Mais, parce que le vouloir est vouloir, que l'être est vouloir, la négation du vouloir, son auto-négation, est, comme illusoire, emportée et niée par le vouloir lui-même. C'est ainsi Dionysos qui est l'élément, le milieu, de l'échange de Dionysos et d'Apollon.

Nous allons suivre cette dialectique de la joie, dans le devenir (la création, Dionysos) du devenir (la création, Dionysos) et de l'être (la récréation, Apollon) à deux niveaux :

– le niveau de la volonté universelle, de la Nature ;

– le niveau de la volonté individuelle, humaine.

Le dionysisme et la joie dionysienne du vouloir universel

En tous ses moments, le vouloir universel est affirmation d'un surcroît d'être, donc joie d'exister.

– Le vouloir comme en-soi, comme tension, est certes contradiction, donc souffrance, mais cette souffrance se réfléchit elle-même comme souffrance de sens positif, car elle est l'expression d'un sur-être, d'une sur-puissance. C'est la joie d'assumer une telle souffrance, un tel excès d'être.

– Le vouloir comme une négation de son en-soi dans le phénomène, comme différenciation, individuation, déchirement de l'Un (douleur de l'enfantement), est affirmation de lui-même ; d'où un sens positif, à nouveau, de cette douleur, telle est la joie de la procréation et création. L'enfantement est délivrance, libération du sur-être qui s'affirme dans l'ex-sistence, qui expose ce qu'il est d'abord sur le mode du ne-pas-être, du ne-pas-encore-être. Le passage de l'excès d'être à l'être est en même temps le passage de l'absence d'être, du non-être – l'Autre du vouloir un, le milieu du statique et du multiple, toujours relatifs – à l'être même (être, c'est vouloir ou être voulu, et tel est le sens), c'est-à-dire *création*.

– Le vouloir comme négation de son phénomène dans son en-soi, comme destruction des individus (et c'est là sa souffrance), est affirmation de lui-même en son identité ou unité, en son éternité ; il savoure la joie de cette reprise en soi (qui est promesse d'une nouvelle création ; toute destruction est création, de même que toute création est destruction). Les textes sont nombreux, par exemple dans *La naissance de la tragédie* :

– p. 51 : « la vie… puissance indestructible et joyeuse, en dépit de tous les changements » ;

– p. 108 : « joie qui accompagne l'anéantissement de l'individu..., la vie perpétuellement active au-delà de tous les phénomènes et en dépit de toutes les destructions » ;

– p. 109 : « la joie inépuisable de l'existence..., que nous ne devons pas chercher dans les phénomènes, mais derrière eux, l'insondable et originelle volupté d'être »[1]

Bref, tout est joie – comme tout est souffrance, mais c'est la joie qui constitue le sens de cette souffrance liée à un accroissement d'être – dans le vouloir universel. C'est ce vouloir, en son devenir rythmé par la création et la destruction, que Nietzsche symbolise, on l'a déjà dit, par Dionysos. La puissance dionysienne est aussi bien principe de la différenciation, de l'individuation, que de l'identification de la différence, de la suppression de l'individuation. L'être est *devenir*, constant mouvement de négation de soi dans le couple : division de l'Un et réunion du multiple. En ce devenir, le vouloir s'affirme en se surmontant sans cesse en son être : sa joie est celle de la *victoire* répétée sur lui-même. Seules les natures d'airain peuvent triompher et paraître gaies : Beethoven, Goethe, Schopenhauer, Wagner[2]. Le devenir triomphant qu'est Dionysos interdit toute fixation, tout être ;

1. Traduction de C. Heim.
2. Cf., *Considérations intempestives* (*Unzeitgemässe Betrachtungaen*) – *CI* – III, éd. bilingue, par G. Bianquis, Paris, Aubier, 1966, p. 41.

Dionysos, comme tel, ne s'attarde pas, il « délie »,
même lorsqu'il unit ; il ne lie pas, ne concrétise pas,
il est pure négativité, pure mobilité, pure abstraction.
Dans *La vision dionysienne du monde* –*VDM*[1] –, il
est dit que les dieux qui expriment le sens intime de
la nature ne peuvent se condenser en figures et sont
simplement désignables par des concepts (le vrai,
le devenir est le contenu du concept ; sur ce point,
Bergson sera l'anti-Nietzsche).

Si, donc, un *être* est, si un *monde* est, si Dionysos
s'attarde, c'est parce que le vouloir dionysien se nie
en lui-même, se *délivre* de lui-même, se sauve de
lui-même et de la joie liée à sa souffrance. Le vouloir
universel ne peut, certes, se nier effectivement,
mais il peut nier illusoirement, phénoménalement,
sa contradiction intérieure : jouir en souffrant, se
« distraire » de et dans lui-même, se poser comme
non-vouloir, pure contemplation en repos ; bref :
Dionysos peut se poser, se reposer, comme Apollon.
C'est le Dionysos apollinien qui fait *être* vraiment
sa différenciation, qui *crée* à proprement parler :
Dionysos ne crée qu'en se récréant en apollinien.
Toute création est récréation. Ainsi, la joie véritable
de Dionysos est l'unité, la confusion de la joie
dionysienne et du plaisir apollinien.

1. Nietzsche, *Écrits posthumes* (1870-1873), trad. fr.
J.-L. Backer, M. Haar, M. de Launay, Paris, Gallimard, 1975,
p. 49-70.

LA RÉCRÉATION APOLLINIENNE DE DIONYSOS

C'est Dionysos qui est le principe de l'existence
phénoménale, en tant qu'existence de l'Un comme
multiple[1] : « l'esprit dionysiaque, mesuré à l'esprit
apollinien, apparaît comme l'énergie artistique
éternelle et originaire qui appelle à l'existence le
monde entier des phénomènes ». Mais si Dionysos
est à l'origine de l'individuation, il n'est pas –
puisqu'il est tout autant à l'origine de la suppression
de l'individuation – vraiment ce qui consacre, fixe,
cette individuation, et donc en fait un principe.
Le véritable principe de l'individuation, ce n'est
pas ce qui pose *seulement* et par là nie tout autant
l'individuation, mais ce qui la *fixe*. Tel est bien
Apollon, dieu de la limite, de la détermination.
C'est par Apollon que le devenir se fige en être, le
dynamique en statique, le mouvement en repos, le
processus en une forme. Le vouloir ne veut plus, mais
contemple son agir devenu sens d'un *être*, *forme*.
Comme l'être *vrai* est *devenir* du vouloir, l'être est
simplement *apparence*, et le sujet pour qui il y a de
l'être est simplement distrait de lui-même, un rêve
du vouloir, une rêverie de Dionysos, sujet esthète.
Alors, l'apparence, ayant pour contenu ce qui a été
voulu dans la joie, réjouit comme un don le vouloir
distrait de soi dans la contemplation, et telle est la
beauté de l'apparence, reçue dans le plaisir en repos
(plaisir esthétique) où la joie créatrice se délivre de

1. Cf., *NT* § 25.

sa douloureuse exaltation[1]. Le domaine d'Apollon, c'est « das Schauen, das Schöne, der Schein [le voir, le beau, l'apparence][2]. Nietzsche souligne, dans *La Naissance de la tragédie*[3] « le plaisir originaire de l'apparence », il y parle de « l'universelle aspiration à l'apparence ». En se ravissant à soi, le Dionysos apollinien se repose dans le ravissement de l'apparence, de la belle forme.

Le vouloir universel a besoin impérieusement d'un tel ravissement de l'apparence, de la création du monde où il se libère de sa contradiction interne comme devenir héroïque. La Préface de 1886 le dit bien :

> Le monde, à chaque instant délivrance *atteinte* de Dieu, en tant que vision éternellement changeante, éternellement nouvelle du dieu le plus souffrant, le plus antinomique, le plus contradictoire, qui ne peut se délivrer que dans l'apparence[4].

La naissance de la tragédie aussi :

> L'être véritable, l'Un originaire, en tant qu'il est l'être éternellement souffrant et contradictoire, a besoin en même temps de la vision ravissante, de l'apparence délectable, pour son salut continu[5].

1. Cf., *VDM*, p. 66.
2. *VDM*, p. 57.
3. *NT*, § 5.
4. *Ibid.*
5. *Ibid.*, § 4.

Ce n'est pas Dieu qui sauve le monde, c'est le monde qui sauve Dieu. Apollon sauve Dionysos, comme l'artiste sauve le héros, comme le sommeil sauve la veille, comme le repos sauve l'existence, comme l'illusion sauve la vérité....

Mais Nietzsche place le salut, le rachat mondain de Dieu, dans sa vision éternellement changeante et nouvelle d'un monde, de mondes toujours nouveaux. Le salut, c'est l'esthétisation de la joie héroïque, mais la joie est l'exaltation du vouloir devenant dans la différenciation de l'Un et la reprise de la différence dans l'Un. Dionysos ne se distrait de lui-même *comme tel* qu'en se contemplant en son intégralité. Apollon, rêverie de Dionysos, distraction du vouloir universel, est nécessairement repris et nié par Dionysos : l'être, qui n'est qu'apparence, est dissous par le devenir, qui est l'en-soi, le vrai ; d'où la destruction constante du créé. Mais Dionysos, comme triomphe de Dionysos sur Apollon, ne peut être sauvé que par un redoublement apollinien de lui-même. Il lui faut se distraire de soi comme négation dionysienne d'Apollon, et s'illusionner en un nouvel Apollon se ravissant du triomphe de Dionysos sur Apollon. La tragédie illustrera ce triomphe en tant que triomphe apollinisé : elle sera l'apollinisation du triomphe de Dionysos sur Apollon.

Le plaisir tragique, plaisir de la création détruite, est pour Nietzsche le plus haut plaisir esthétique[1] :

---

1. *Ibid.*, § 22 ; *cf.*, § 24.

il est le plaisir de l'être qui devient (synthèse de la joie seulement dionysienne et du plaisir seulement apollinien), de la vie de la création (celle-ci étant le mouvement de la création comme destruction, la destruction étant aussi création). Dionysos se sauve ainsi en *tout* lui-même, totalement, tout son devenir lui est présent comme un être, il se repose constamment de son mouvement, régénère à chaque instant esthétiquement son héroïsme. Il se contemple en agissant, dans une jouissance alors totale, la jouissance qui est celle du *joueur*, si le joueur est l'homme qui vit et agit en se mettant à distance de sa vie et de son action, si le joueur est l'unité du vouloir et du voir, de la vie et de l'art. Évoquons le § 24 de *La naissance de la tragédie*, rappelant « le phénomène dionysien qui nous révèle toujours à nouveau la joie de la construction et de la destruction du monde de l'individuation comme l'effusion d'une joie originaire ». Se vivant de façon apollinienne en sa nature dionysienne, éprouvant son devenir comme un être, le vouloir universel et sûr de son éternité dans le flux de son devenir, de son agir créateur et destructeur, sûr de son identité inébranlée dans sa différenciation infinie. C'est pourquoi il peut d'autant plus s'abandonner à sa vitalité héroïque. Apollon, en recréant Dionysos, le recrée et le confirme nécessairement en lui-même. Par cet échange constant, en Dionysos, de la tragédie et de la comédie [1] (la « comédie de l'art » universelle), du

1. *NT*, § 5.

plaisir esthétique et de la joie héroïque, d'Apollon et de Dionysos, celui-ci s'affirme de plus en plus en sa vitalité. L'« artiste originaire du monde » est en même temps « créateur et spectateur de cette comédie de l'art » universelle, sujet et objet de lui-même[1].

Mais Dionysos joueur se donne tout entier à son jeu, car il est ce jeu, il n'est rien d'autre que ce jeu. Pris totalement par son jeu, il est, en celui-ci, tel l'*enfant*, qui prend toujours son jeu au sérieux. Héraclite a bien raison de comparer la force créatrice du monde à un enfant qui, en jouant, édifie et disperse des tas de sable.

La rédemption esthétique du vouloir individuel, humain

Au niveau du monde, c'est-à-dire des individus, le jeu dionysien du vouloir universel s'exprime comme le malheur d'une existence singulière fixée à elle-même et par là menacée et niée par l'être total qui a puissance sur elle. Dès lors, le dégoût de l'existence peut amener les individus à se nier (le vouloir individuel n'est pas, en tant qu'individuel, indestructible). À quoi s'oppose la jouissance esthétique par laquelle le vouloir universel se libère et s'affirme en lui-même : « la volonté insatiable… trouve toujours un moyen de maintenir en vie ses créatures et de les contraindre de continuer à

1. *Ibid.*

vivre »[1]. Ce moyen, comme salut, est l'art, l'effet esthétique.

Cet effet esthétique, œuvre du Dionysos apollinien œuvrant à même les individus, se présente d'abord comme un moment réel de la vie et n'est pas vécu comme esthétique. Mais s'il ne distrait pas de la vie son *existence*, son *sens* est bien de distraire de la vie au sein de la vie elle-même. Par son sens distrayant, il arrache à la souffrance constitutive de la vie individuelle comme opposition de l'individuel à l'universel qui a puissance sur le premier, soit en affirmant l'individuel et en niant l'universel, soit en supprimant l'opposition de l'individuel à l'universel, c'est-à-dire en affirmant l'universel et en niant l'individuel ; l'effet esthétique du vouloir universel immanent immédiatement – naturellement – au vouloir individuel a par conséquent un sens, soit apollinien (fixation de l'individuel), soit dionysien (dissolution de l'individuel existant) : rêve et ivresse, les deux effets esthétiques au niveau de la nature dans l'homme, c'est-à-dire du physiologique[2].

Mais le rêve et l'ivresse sont passagers et échappent à la décision du vouloir qui *est* distrait de lui-même par eux, sans à proprement parler *se* distraire de lui-même par eux. Dans le rêve et l'ivresse, la nature, en l'homme, joue avec elle-même ; l'homme n'est que le lieu du jeu, *il ne joue pas*. Au contraire, il *se* distrait et *il* joue, dans et avec

1. *NT*, § 18, p. 116.
2. *NT*, § 1.

lui-même, quand il s'élève à l'art au sens strict du terme. Dans l'art, il joue avec le jeu de la nature en lui et, par là même, maîtrise son propre salut et se sauve véritablement. Il répète en lui-même, comme vouloir individuel, le jeu du vouloir universel. Ou, plutôt, le vouloir universel répète, non seulement dans, mais comme le vouloir individuel, son salut apollinien. Et il le fait pour accomplir ce salut totalement, car c'est seulement en tant que vouloir individuel humain que le vouloir universel peut se laisser être contemplation apollinienne posée pour elle-même (Apollon n'est plus seulement un « moment » pris dans la totalité immédiate, naturelle, indissociable du vouloir, mais une « figure » existant pour elle-même de ce vouloir).

Le monde est, pour le vouloir universel, une apparence ; l'art est l'apparence de cette apparence, l'apparence réfléchie comme telle, et c'est pourquoi[1] il est une « satisfaction encore plus haute de l'universelle aspiration à l'apparence ». Ainsi, l'art est exigé pour le salut complet du vouloir universel : « l'esprit dionysiaque… ne cesse d'appeler à l'existence le monde phénoménal tout entier, au sein duquel est nécessaire une nouvelle apparence transfiguratrice pour maintenir en vie le monde animé de l'individuation »[2]. Ou encore : « la nature a besoin de l'artiste en vue d'une grande métaphysique, pour s'éclairer sur elle-même : afin

1. *Cf.* ce que dit Nietzsche du rêve dans la *NT*, § 4, p. 32.
2. *Ibid.* § 25, p. 159.

que lui soit proposé finalement, sous la forme d'un tableau pur et achevé, ce que, dans le non-repos de son devenir, elle ne peut jamais voir distinctement, donc afin qu'elle ait une connaissance d'elle-même » [1].

Quant au vouloir individuel, il ne peut s'ancrer solidement dans son existence, douloureuse, que si l'art l'attache à celle-ci en lui conférant une valeur qui la rend digne, malgré sa négativité, d'être vécue. Cette valeur s'annonce dans la *beauté*, en laquelle l'homme se *complaît*. En faisant l'expérience de la beauté, l'homme affirme comme positive l'existence en sa négativité. – Plus précisément, l'art représente, dans la vie du vouloir, une « pause » [2], une « activité de repos », destinée à raffermir le vouloir-vivre en lui-même et à lui permettre alors de dire « oui » à l'existence souffrante : il nous apporte, avant le combat du jour, la consolation matinale. Partout, dit Nietzsche dans la *Quatrième inactuelle*, l'individu rencontre insatisfaction et éprouve son impuissance partielle ou totale : insuffisance de bonheur (on ne peut être heureux quand tout est souffrance autour de soi), insuffisance éthique (on ne peut se comporter éthiquement lorsque le monde entier est soumis à la violence, à la tromperie et à l'injustice), et insuffisance de connaissance et de sagesse (on ne peut être sage seul). On ne peut vivre – et combattre – dans le sentiment d'une telle triple insuffisance, si l'on n'est pas persuadé directement, dans la présence

1. *CI*, III, p. 95.
2. *CI*, IV, p. 205, 207.

souveraine de l'effet esthétique, de la valeur de la vie, de sa grandeur, etc. La contradiction entre les exigences et nécessités de la vie, et l'impuissance du vouloir, est une tension terrible qui peut faire se briser ce vouloir : l'art est là « pour que l'arc ne se brise pas »[1].

L'existence qu'il nous présente est une existence dans laquelle les choses deviennent plus simples et plus aisées. Le *savoir* y discerne plus facilement le sens de la vie et de ses tâches, de l'énigme (elle est la contradiction même) qu'elle constitue : l'art suscite l'apparence d'un monde plus simple, d'une solution plus rapide de cette énigme[2]. Le *pouvoir* humain y est grandi : il va à l'essentiel, en une expérience totale de sa destination, cela, à l'encontre de la fragmentation incohérente de l'existence[3], et se déploie résolument, soit pour s'affirmer en sa singularité, soit pour s'affirmer en son universalité[4]. Certes, l'art ne nous enseigne pas *la* vie, mais seulement *à* vivre. Il n'est pas un « mentor » pour l'agir immédiat, et, dans l'art, comme dans le rêve, la valorisation des choses est changée (on ne renoncerait pas, dans la vie, par exemple aux biens auxquels on approuve le héros de se sacrifier), mais il console et régénère pour la vie quotidienne puisqu'il nous fait adhérer à l'existence en l'imposant dans la prégnance de la

---

1. *CI*, IV, p. 207.
2. *Ibid.*
3. *Ibid.*, p. 195.
4. *Ibid.*, p. 235.

beauté. À propos de Wagner, Nietzsche va même jusqu'à dire que l'art peut trop bien consoler et que le danger est que nous prenions désormais trop la vie à la légère[1]. En tout cas, il réconcilie bien avec la vie en donnant un sens positif au négatif lui-même, en stimulant le vouloir-vivre cependant pleinement lucide sur le malheur de la vie. Il faut noter que tout ce que Nietzsche dit du rêve et de l'art apollinien, en sa forme, quant à la relation de l'homme à eux, s'applique à l'art en général.

LA VALEUR RÉDEMPTRICE
DES FORMES PARTICULIÈRES DE L'ART

La différenciation de l'art

Tout art, tout fait esthétique, en son existence ou en sa forme, est apollinien, dans la mesure où, en lui, le vouloir se nie comme vouloir (dans sa forme de vouloir) : ainsi, l'art dionysiaque de la musique est, comme *art*, apollinien, car elle n'est pas une détermination du vouloir :

> En son essence, la musique ne peut en aucun cas être volonté, puisqu'elle sortirait alors de la sphère de l'art, la volonté étant inesthétique en soi[2].

Nietzsche dit bien que le dionysisme asiatique n'est devenu fait artistique qu'en Grèce, et ce par sa transfiguration apollinienne. Tout art est

1. *CI*, IV, p. 235.
2. *NT*, § 6, p. 45.

mesure, quant à sa forme, la beauté ou l'illusion est coextensive à l'art, qu'il soit dionysiaque ou apollinien.

Mais si tout art, par sa *forme*, est spectacle, apparence, beauté, bref : si l'élément d'existence de l'art est l'élément apollinien, néanmoins par son *contenu*, par son *sens*, tout art n'est pas apollinien. Dionysos artiste, c'est-à-dire Dionysos qui se fait apollinien pour se distraire de soi et se contempler, peut se distraire de soi et se contempler, soit en tant que Dionysos, soit en tant qu'Apollon, soit en tant que Dionysos apollinien. D'où le leitmotiv de *La Naissance de la tragédie* : l'esthétique de la beauté est incapable de rendre compte de *tout* l'art[1]. Le contenu de l'art, ce par quoi l'art existe comme *des* arts, n'a donc pas pour principe seulement Apollon.

Dans *La Naissance de la tragédie*[2] Nietzsche distingue les trois grandes « illusions » génératrices d'autant de cultures, par lesquelles le vouloir universel attache à la vie les vouloirs singuliers :

– l'illusion « socratique », celle du savoir, comme libération totale de l'apollinisme, l'alexandrinisme ;

– l'illusion « artistique », proprement hellénique, l'illusion de la beauté ;

– l'illusion « tragique », proprement hindoue, à savoir que la vie est éternelle sous le tourbillon des phénomènes

1. Cf., *NT*, § 16, p. 103 ; et § 19, p. 129.
2. *Ibid.* § 18.

Une telle différenciation n'est pas radicale chez Nietzsche : le socratisme est une déviation de l'art apollinien, et l'illusion tragique ne s'oppose pas à l'art hellénique, où elle s'accomplit précisément comme synthèse de l'« artistique » (Apollon) et du « tragique » (Dionysos).

Aussi, dans *La Naissance de la tragédie*, la différenciation fondamentale est-elle celle entre l'art apollinien, l'art dionysien et l'art dionysien-apollinien, Nietzsche assignant des fins esthétiques différentes à ces trois arts[1]. L'œuvre d'art, comme apparence ou beauté, dans l'apparence ou la beauté, veut dire

– soit seulement l'apparence ou la beauté (*Schein, Schönheit*),

– soit seulement la vérité (*Wahrheit*),

– soit l'apparence de la vérité comme telle (*Wahr-schein-lichkeit*).

De la sorte, l'art apollinien dit, dans l'apparence, seulement l'apparence, c'est-à-dire l'être, le statique, l'individu fixé en son existence, heureux de vivre, non atteint en son âme par le devenir, bref : il dit Apollon sans Dionysos : arts plastiques, épopée ; tandis que l'art dionysien, dans l'apparence, dit seulement la *vérité*, c'est-à-dire le devenir, la contradiction, la connaissance identique à la mort, le vouloir non individualisé, phénoménalisé, mondanéisé ; bref : il dit Dionysos sans Apollon : musique, lyrisme ; quant à l'art dionysien-apollinien, essentiellement

1. Cf., *VDM*, p. 61.

la tragédie – ressuscitée par Wagner – il dit, dans
l'apparence, l'apparence-de-la-vérité, c'est-à-dire le
symbole[1] : « l'apparence n'est plus du tout goûtée
comme apparence, mais comme symbole, comme
signe de la vérité »; le masque indique bien la
dépréciation de l'apparence. Ici, Dionysos se sert
d'Apollon pour manifester sa toute-puissance (il est
vrai, dans l'élément apollinien de l'art).

La tragédie qui dévalorise l'apparence, qui
l'arrache à son être, à sa finité et identité à soi, la
replonge dans le devenir. D'où la confusion des
apparences, l'utilisation en commun des arts de
l'apparence (les statues marchent....)[2], et cela, sous
l'action de l'art du devenir, exprimant le vouloir
qui absorbe les phénomènes, les apparences (« la
musique dépotentialise l'apparence en symbole »[3]).
L'art tragique exprime, dans l'élément apollinien,
la vie totale – comme reprise de l'apollinien dans
le dionysien –, et elle l'exprime totalement, dans
la mobilisation et l'absorption complète des arts
apolliniens en et par l'art dionysiaque par excellence,
la musique. Ce qui fait que l'art tragique rassemble
tout le vouloir en son apparence même; l'homme
jouit en l'homme total, et l'esthétique saisit l'erreur
du préjugé de la séparation des arts[4]. L'art tragique
met un terme au démembrement d'Apollon, à la

1. *Ibid.*, p. 64 et 66.
2. *Ibid.*, p. 64.
3. *Ibid.*
4. *Drame musical grec*, p. 19.

passion dionysienne d'Apollon, à la passion de
Dionysos se divertissant de lui-même en Apollon.
La tragédie est le salut total, ce dont il faut louer le
wagnérisme.

Les vertus rédemptrices des trois types d'art

Chacun de ces trois types est une médiation
utilisée par le vouloir universel pour que le vouloir
individuel dise « oui » à la vie [1]. Ils constituent une
progression de cette ruse, de ce moyen.

Le salut apporté par l'art apollinien

La ruse de Dionysos joueur s'adonnant à l'art
apollinien est la ruse la plus immédiate, la plus
superficielle et « apparente », la plus illusoire, en
ce sens qu'elle efface illusoirement la souffrance
inhérente à la vie [2] : l'art apollinien persuade le
vouloir individuel du bonheur de vivre, en magnifiant
et éternisant l'apparence et l'individuation. L'art
apollinien fait croire à la vie temporelle en la présen-
tant comme arrachée au malheur de la temporalité,
en assurant le vouloir individuel en lui-même, en sa
finitude, en-deçà de l'infinité de ses déterminations.
Triomphe de l'existence individuelle, même dans
la mort (il est vrai rabaissée à une moindre vie) :

1. *VDM*, p. 60.
2. *NT*, § 16, p. 108.

« épicurisme de la vie divine »[1], de la vie des demi-dieux homériques.

Telle est la « stratégie » olympienne de Dionysos olympien. Le peuple grec, le plus doué pour la souffrance, affirme contre tout sa prodigieuse volonté de vivre dans l'art plastique et l'épopée :

> Le Grec connaissait les horreurs et les terreurs de l'existence, mais il les masquait pour pouvoir vivre : une croix cachée sous les roses, pour reprendre le symbole goethéen[2].

Cependant, la trop grande opposition entre l'art olympien et la vie fait que ce que cet art rachète n'est pas toute la vie de l'homme ; il sauve celle-ci en la mutilant. Dès lors, le Grec ne peut pas, dans l'art apollinien, retrouver toute sa vie, transfigurée, grandie, sauvée. Une telle abstraction et unilatéralité fait l'insuffisance de l'art plastique et de l'art épique.

Le salut apporté par l'art dionysiaque

Cet art – musique et lyrisme – veut sauver le vouloir individuel en le persuadant que son existence vraie, éternelle, comme vouloir en soi, niant l'apparence de l'individuation, est digne d'être vécue. La musique dionysienne, « miroir de la volonté universelle », nous arrache à nous-mêmes en

1. *VDM*, p. 55.
2. *Ibid.*, p. 55.

notre singularité. Elle nous dit le devenir du vouloir
universel avec lequel elle nous unit, et elle nous
fait adhérer à ce devenir, qui comporte l'éclatement
de l'individualité, en lui prêtant le charme de l'art.
La dissonance – le malheur, la mort – est, en elle,
condition de l'harmonisation finale, et, en sauvant
ainsi notre existence temporelle dans la présentation
apaisante, consolatrice, de la vie éternelle et une de
la nature dionysiaque, la musique nous permet de
vivre à nouveau dans une existence à laquelle nous
ne nous adonnons plus alors que comme à un jeu de
notre vie éternelle.

Mais, comme l'art purement apollinien, l'art
purement dionysien est unilatéral, car il veut sauver
l'existence concrète du vouloir en opérant en lui une
abstraction : le premier art absolutise le fini, mais la
vie est l'absorption du fini dans l'infini ; le second
absolutise l'infini, mais l'infini existe dans le fini.
Le salut de l'existence, qui est la contradiction du
fini et de l'infini, du phénomène et de l'essence,
exige que cette contradiction soit en tant que telle
le contenu de l'art et qu'elle soit magnifiée en tant
que telle. La nature est dissimulation d'elle-même,
elle est musique et se réfugie dans sa contradiction
pour masquer sa nudité : on croit la saisir comme
pur devenir (en soi), et alors elle oppose son être
(phénoménal) au mouvement. L'artiste tragique, lui,
sait que la nudité de la nature est précisément cet
échange du phénomène et de l'essence, c'est-à-dire
la vie artiste de Dionysos qui se fait Apollon : la
nature nue est, comme telle, toujours déjà voilée,

ou plutôt : elle est le mouvement de se voiler en se dévoilant[1].

Le salut tragique

La tragédie doit faire adhérer l'homme, dans le jugement pratique immédiat enveloppé dans l'émotion esthétique, à son existence en tant qu'elle est affirmation indissoluble du fini et de l'infini ; elle doit le faire adhérer à sa finitude parce qu'elle le fait adhérer à son infinité, à sa vie parce qu'elle le fait adhérer à sa mort, et inversement :

> Nous prenons plaisir au rythme de la passion et à son sacrifice, nous entendons, sous chaque pas puissant du héros, le sourd écho de la mort, et comprenons, à l'approche de celle-ci, le charme suprême de la vie[2].

L'art plastique et l'art musical ne sauvent pas l'existence réelle, en sa petitesse et en son malheur. Par là, ils consolent sans consoler, car la vie réelle, qui, par sa contradiction, contredit tant l'élévation apollinienne ou l'exaltation dionysienne, apparaît, après l'expérience de l'art, d'autant plus condamnable. D'où le dégoût de l'existence[3]. Il fait que la volonté hellène, en son désir absolu de vivre, trouve, afin de combattre ce « non » à

---

1. Cf., *CI*, IV, p. 237, sur Wagner.
2. *Ibid.*, p. 235.
3. Cf., *VDM*, p. 58.

la vie, le stratagème de l'art dramatique. De la sorte, il s'opère une transformation du dégoût en représentations permettant de vivre, ce qui produit le sublime (domptage de l'horrible) et le ridicule (décharge du dégoût de l'absurde). Le sublime et le ridicule, entrelacés dans l'art dramatique, n'attachent l'homme ni à la pure apparence ni à la pure vérité, ni au fini ni à l'infini, mais au fini en tant qu'il sombre dans l'infini, et à l'infini en tant qu'il se manifeste et se pose dans le fini. Les deux déterminations de l'existence que sont le sublime et le ridicule impliquent une contradiction qui est celle-là même de l'existence individuelle[1]. Comme Nietzsche – sous l'influence de Schopenhauer – tend à distinguer les deux moments de Dionysos que sont Dionysos lui-même et Apollon, le devenir et l'être, le multiple et l'Un, comme le vrai et l'apparent (le beau), il peut dire que sublime et ridicule « sont un voilement de la vérité qui est, certes, plus transparent que la beauté, mais qui est encore un voilement »[2]. Ce pourquoi le tragique est un « monde intermédiaire entre beauté et vérité ».

L'art tragique réconcilie le vouloir individuel avec son existence, en tant même qu'elle est existence destinée à la mort et au malheur. La tragédie a pour origine et principe la musique, qui arrache l'individu à lui-même et le fait s'identifier avec le devenir du vouloir universel : par la musique

1. *VDM*, p. 61.
2. *Ibid.*, p. 61.

nous vivons à chaque instant proprement notre mort
(notre pure infinité). En s'exposant dans le drame, la
musique nous révèle – elle est la langue immédiate
de l'être – le devenir du vouloir individuel, fini, dont
la beauté nous séduit. Nous nous réjouissons donc
de la mort du héros parce qu'elle est la mort de ce
héros, de ce vouloir fini : nous sommes heureux que
la mort soit la mort de cette vie, qu'il faille vivre
ainsi pour mourir. C'est la vie finie qui nous réjouit
en tant qu'elle va à la mort[1]. C'est la *vie* qui est
exaltée parce qu'elle meurt et dans sa mort. D'où le
rôle du mythe.

Eschyle et Sophocle montrent aussi comment on
a pu vivre à nouveau. L'existence en devient sublime
et requiert par là même l'adhésion du vouloir. Mais
Sophocle est un plus grand libérateur : certes, en sa
forme, la tragédie eschylienne est la plus tragique,
cependant, en son contenu, la tragédie sophocléenne
la surpasse – il y a, en fait sur ce point, une hésitation
chez Nietzsche, comme l'attestent les textes[2].
L'existence finie est sublime inconditionnellement,
quel que soit son malheur. Chez Eschyle, Dionysos
est juste : sagesse et justice règnent dans l'ordre
des choses, des dieux olympiens, de la Moira, et il
n'y a pas de destin faisant faute, pas de nécessité
du crime. Chez Sophocle, le malheur le plus
immérité est sublime ; il y a un gouffre entre le divin,
impénétrable, et l'humain, entre le vouloir universel

1. Cf., *NT*, § 21, p. 198-199.
2. *VDM* et *NT*.

et le vouloir singulier, et c'est ce qui rend sublimes la résignation et l'abandon. Sophocle magnifie « la réconciliation avec la réalité parce qu'elle est énigmatique » : elle est bien « l'heureux repos dans le malheur », « la vie remplie de joie dans le mépris de la vie », « le triomphe de la volonté dans sa négation »[1]. Le « paradoxe tragique » de Sophocle est l'expression de la vérité dionysiaque, ici très visible »[2]. Le message tragique, en son âme sophocléenne, est donc celui de l'acceptation totale, dans la joie même, de l'existence en sa souffrance, anticipation du futur « *amor fati* ». Une telle acceptation fait toute la « noblesse » de l'homme

> La tragédie, née de la source profonde de la compassion, est par essence *pessimiste*. L'existence y est quelque chose d'horrible, l'homme quelque chose d'extrêmement insensé. Le héros de la tragédie ne se révèle pas, comme se le figure l'esthétique récente, dans sa lutte contre le destin ; il ne souffre pas davantage de ce qu'il mérite. C'est aveugle, la tête voilée, qu'il se précipite dans son malheur ; et le geste désespéré mais noble avec lequel il se dresse devant ce monde dont il vient de reconnaître l'horreur pénètre comme aiguillon dans notre âme[3].

Ainsi, la consolation qu'apporte la tragédie en sa vérité est-elle un *magnificat* d'une existence

1. *VDM*, p. 63.
2. *Ibid.*
3. *Socrate et la tragédie*, p. 43.

qui, pour dire « oui » à Dionysos, n'a nul besoin d'une consolation. C'est là un thème que Nietzsche affirmera toujours. L'*Epilogue de Nietzsche contre Wagner* se termine sur la proclamation de l'art comme seule solution du problème de l'existence : vivre en artiste, tel est bien le premier et le dernier mot de Nietzsche. À force de profondeur, s'en tenir à l'apparence, comme les Grecs, comprendre que la vérité ne demeure plus vraie lorsqu'on la dépouille de ses voiles, que Dionysos n'est plus Dionysos quand il n'est pas Apollon [1]. Dans la première œuvre de Nietzsche, l'intuition nietzschéenne s'exprime ainsi de façon encore confuse, voire contradictoire. D'où la difficulté de parler de manière cohérente et conceptuelle, systématique, de la première pensée nietzschénne.

1. *Ibid.*, p. 372.

TABLE DES MATIÈRES

Achevé d'imprimer en janvier 2021
sur les presses de
La Manufacture - Imprimeur – 52200 Langres
Tél. : (33) 325 845 892

N° imprimeur : 210039 - Dépôt légal : janvier 2021
Imprimé en France